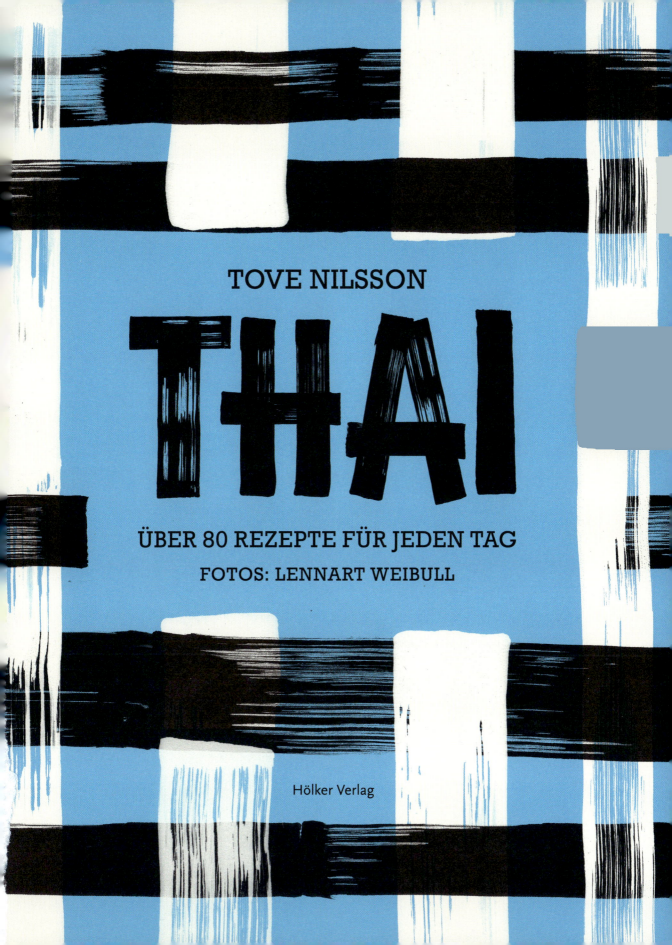

INHALT

Einleitung 7

1. ZUTATEN & UTENSILIEN 9

2. SNACKS & KLEINIGKEITEN 31

3. SALATE 57

4. SUPPEN & CURRYS 81

5. VOM GRILL 119

6. WOK, REIS & PFANNENGERÜHRTES ... 133

7. SÜSSES 153

8. GEWÜRZPASTEN & GRUNDREZEPTE ... 163

Register 174

EINLEITUNG

In den letzten Jahren habe ich eine große Leidenschaft für die thailändische Küche entwickelt und fand es unglaublich schade, dass sie in unserem Alltag bisher nur eine untergeordnete Rolle spielt. Mein Buch hat deshalb vor allem ein Ziel: Ich möchte diese leckeren Gerichte in unsere heimischen Küchen bringen und zu einer ebenso großen Selbstverständlichkeit werden lassen wie Spaghetti bolognese.

Bei Thai-Food denken viele von uns wahrscheinlich an Take-away oder die mit Bratreis gefüllte Ananas, die uns an irgendeinem thailändischen Paradiesstrand serviert wurde. Meine Inspirationsquellen waren jedoch vor allem die kreativen Thai-Restaurants in Metropolen wie New York, L. A., Berlin, San Francisco, London und Bangkok, in denen es auch jenseits von Satayspießen mit Erdnusssoße Aufregendes zu entdecken gibt. Dort serviert man authentisches thailändisches Essen, manchmal auch mit Einflüssen aus anderen Küchen, und zu trinken gibt es nicht nur irgendein wässriges Bier, sondern auch Naturwein, tropisch-hopfiges India Pale Ale und hausgemachten Kombucha mit Hibiskus, Litschi und Zitronengras. Da kommt bei mir Freude auf!

Besonders faszinierend an der thailändischen Küche finde ich die intensiven Aromen und Düfte sowie die Zubereitungstechniken und -utensilien. Man kocht zum Beispiel viel über offenem Feuer und verwendet den Mörser auf eine ganz eigene Weise. Verglichen mit den explosiven Aromen der thailändischen Küche wirken japanische und skandinavische Gerichte, mit denen ich mich lange beschäftigt habe, geradezu zahm und zurückhaltend. Die Kunst in der Thai-Küche besteht darin, ein Gleichgewicht zwischen den Zutaten zu schaffen. Die Süße des Palmzuckers, das Salzige von Fischsoße und Würzpasten, die Säure von Limette und Tamarinde und die oft extreme Schärfe der Chili müssen fein ausbalanciert werden. Um diese Balance zu erforschen, wurde meine Küche in den letzten Jahren zum Experimentierfeld: Es wurden Currypasten angerührt, ganze Fische frittiert, und wenn man den Kühlschrank öffnete, schlug einem stets der Duft von Fischsoße und frischen Thai-Kräutern entgegen. Ich habe mich in den heimischen Thai-Shops durch sämtliche Flaschen, Dosen und Plastikbeutel gearbeitet – teilweise mit gewöhnungsbedürftigem Inhalt, wie Gallensaft oder fermentierter Fischsoße. Nachdem ich die Thai-Küche vollkommen verinnerlicht hatte, habe ich dann begonnen, die klassischen Regeln über Bord zu werfen und stattdessen – mithilfe erfahrener Thai-Shop-Inhaber und Köche – eigene Kreationen zu erschaffen.

Ich habe unzählige Thai-Restaurants in Thailand, Europa und den USA besucht und Currys und Reis in rauen Mengen gegessen. Vor allem habe ich aber neugierig untersucht, welche Schätze die heimischen Asia-Shops bereithalten und was man daraus zaubern kann.

Und jetzt sind Sie dran! Bevor Sie loslegen, sollten Sie allerdings erst einmal ein wenig in meinem Buch lesen und sich vor allem einen großen, schweren Mörser zulegen. Denn den werden Sie brauchen!

Tove Nilsson

Zutaten & Utensilien

Für die Zubereitung von Thai-Gerichten ist ein hochwertiges Messer unabdingbar. Doch um echte Profi-Ergebnisse zu erzielen, sollte man sich ein paar weitere Gerätschaften zulegen. Ich stöbere in Asia-Shops oder im Internet immer gerne nach cleveren Helfern, die ich zwar vorher noch nie gesehen habe, die sich aber oft als unentbehrlich herausstellen.

Manche Utensilien erleichtern das Kochen ungemein. Da man zum Beispiel mit einem kleinen Apothekermörser beim köstlichen Papayasalat nicht weit kommt, ist die Anschaffung eines großen Mörsers eine gute Idee. Und in einem Bambus-Dämpfer gelingt Klebreis einfach am besten.

Bei den Zutaten liegt mein Fokus auf Kräutern, aromatischen Gewürzen und Fischsoße. Im Vorratsschrank und Tiefkühler halte ich stets einen hübschen Vorrat bereit, damit ich auch spontan ein Thai-Gericht zubereiten kann, ohne dem Asia-Shop einen Besuch abzustatten.

SO ESSEN DIE THAILÄNDER

Normalerweise wird Gästen in Thailand ein kleines Büfett mit allen möglichen Köstlichkeiten serviert: Currys, Reis, Wokgerichte, Salate und Dips. Eine feste Menüfolge mit Vorspeise, Hauptgericht und Dessert, wie wir sie kennen, gibt es nicht. Vielmehr sitzt man mehrere Stunden lang zusammen, schlürft hier und da etwas Suppe, tunkt irgendwelche Zutaten in leckere Dips, bedient sich am köstlichen Curry, trinkt einen Schnaps, knabbert etwas Salat mit Klebreis, trinkt einen Schluck Bier, knuspert eine Schweinekruste mit Dip und schließt das Ganze vielleicht mit etwas süßem Klebreis ab.

Dass nicht jeder meiner Leser Zeit und Lust hat, tagtäglich ein ausladendes Büfett mit sechs oder acht verschiedenen Gerichten zuzubereiten, verstehe ich natürlich gut. Allerdings kann ich nur wärmstens empfehlen, wenigstens eine kleine Auswahl aus beispielsweise Salat, Curry und Reis zu servieren. Weil das Ganze aber natürlich vor allem Spaß machen und nicht in Stress ausarten soll, eignen sich viele der Gerichte in diesem Buch auch als einzelnes Hauptgericht.

Übrigens führte König Rama IV. in Thailand bereits Anfang des 19. Jahrhunderts die westliche Art zu essen ein. Man isst nicht mit Stäbchen, sondern verwendet Gabeln, Löffel und die Hände – Messer sucht man auf dem Tisch allerdings meist vergebens. Klebreis wird ausschließlich mit den Händen gegessen. Man rollt ihn zu kleinen Kugeln und dippt ihn dann in Soßen oder saugt damit die Reste vom Teller auf.

SALZIG, SAUER UND SÜSS

In kaum einer anderen Landesküche spielt das Abschmecken eine so große Rolle wie in der Thai-Küche. Hier gilt es, zwischen den süßen, säuerlichen, salzigen und scharfen Anteilen der Gerichte ein perfektes Gleichgewicht zu erreichen.

Die süße Komponente ist häufig Palmzucker, besonders in den südlichen Regionen des Landes. Ihr wird etwas Salziges in Form von Fischsoße oder auch Garnelenpaste, getrockneten Garnelen, Austernsoße oder Sojasoße entgegengestellt.

Die Schärfe lässt sich kaum noch „entschärfen", wenn sie erst einmal hinzugefügt ist. Man kann ihr aber mit einer säuerlichen Komponente, die man in Limetten, Tamarinde oder unreifen Früchten, wie zum Beispiel Mango, findet, mehr Frische verleihen. Nach einer Weile hat man den Dreh heraus und weiß, wie viel von der jeweiligen Zutat man nehmen muss, um einen angenehmen Gleichklang zu erzeugen. Ich verwende in meinen Rezepten übrigens deutlich weniger Zucker als sonst in der Thai-Küche üblich, weil mir die Gerichte oft zu süß waren.

UTENSILIEN

Für die Zubereitung von Thai-Gerichten benötigt man eine gewisse Grundausstattung. Zwar genügen für vieles schon Messer und Schneidebrett, doch damit das Ganze leichter von der Hand geht, sollte man sich ein paar thailändische Gadgets zulegen.

So ist zum Beispiel für die Zubereitung von Klebreis der **Bambus-Reisdämpfer** ein Muss. Dieser ist in gut sortierten Asia-Shops oder im Internethandel erhältlich. Es gibt ihn in verschiedenen Varianten, ich bevorzuge aber den kleinen Dämpfer mit Deckel, den man ins Wasser stellt. Der klassische **Trichter-Dämpfer** ist auch gut geeignet, lässt sich aber nur schwer reinigen und nimmt viel Platz in Anspruch.

Manche Gerichte gelingen nur mit einem **Mörser** wirklich gut.

In Thailand nutzt man zwei verschiedene Arten von Mörsern: Steinmörser dienen zum Zermahlen von Currypasten, Trockengewürzen oder auch Reispulver, Tonmörser mit Holzstößel kommen vor allem für Salate und Dips zum Einsatz.

Für jeden Mörser gibt es eine spezielle Stößeltechnik. Damit einem Hand und Arm nicht lahm werden – teilweise muss man 15–20 Minuten mörsern –, ist eine gute Technik sehr wichtig. Im Steinmörser werden Zutaten zu einem feinen Püree zerdrückt oder zu Pulver zermörsert, indem man zunächst stößelt und danach gleichzeitig drückt und reibt. Im Tonmörser werden Zutaten angedrückt und aufgeweicht. Ich zerdrücke immer erst die kleinen Zutaten und arbeite dann die restlichen Zutaten unter. Wer möchte, kann auch portionsweise mörsern.

Ein hochwertiger **Wok** aus Carbonstahl ist in der Thai-Küche das Maß aller Dinge. Am besten gelingen Wokgerichte auf dem Gasherd, doch natürlich lässt sich auch auf einem Elektroherd „woken". Wichtig ist dann allerdings ein Wok mit einem etwas breiteren, flachen Boden, der von der Kochplatte ausreichend Hitze aufnehmen kann. Die an eine Gasflamme angepassten Woks haben einen gewölbten Boden und sind für diese spezielle Zubereitungsart optimal. Gute Woks finden Sie in Asia-Shops und bei Internethändlern. Ich empfehle Edelstahl anstelle von Gusseisen.

Die Anschaffung eines **Tao-Thai-Grills** ist alles andere als ein Muss, es macht aber viel Spaß, sich damit eine kleine Outdoor-Küche einzurichten.

Zum Kochen von Nudeln verwende ich **Nudelsiebe** (Metallkörbe mit Griff). Wenn die Nudeln gar sind, nimmt man das Sieb einfach aus dem Wasser und schüttet die Nudeln in eine Servierschale. Diese Siebe sind im Asia-Shop oder im Internet erhältlich.

Zum Hacken von Fleisch für Laab ist ein chinesisches **Hackmesser** ideal.

Weil viel frittiert wird, benötigt man eine **Schaumkelle.**

Ein **Julienneschäler** ist ein Muss, wenn man Mangos, Papayas, Möhren oder anderes Wurzelgemüse in feine Streifen schneiden möchte. Mit einem Messer dauert dies deutlich länger und wird auch nicht so gleichmäßig.

Auch ein **Gemüsehobel** ist eine sinnvolle Anschaffung, um Gemüse in feine Scheiben oder Julienne zu schneiden.

Ein **Thai-Tontopf** ist kein Muss, aber sehr praktisch, wenn man Glasnudeln mit Krabbe und Schwein (siehe S. 128) zubereiten möchte. Erhältlich in Asia-Shops oder im Internet.

REIS

Reis ist ein fester Bestandteil der thailändischen Küche und wird eigentlich zu allem gereicht. Sogar im Dessert oder Salat finden sich die kleinen Körner, und in manchen Gerichten, wie zum Beispiel Bratreis mit Gemüse, Hühnerfleisch und Ei, sind sie nicht nur Beilage, sondern Hauptzutat.

Manchmal wird Reis sogar gedippt. Das gelingt aber natürlich nur, wenn die Reiskörner schön aneinanderhaften – wie beim Klebreis. Dieser entsteht durch Dämpfen einer extrem stärkehaltigen Reissorte.

In Thailand verwendet man folgende Reissorten:

1. Klassischer weißer Jasminreis findet sich in jeder Vorratskammer und wird in jeder Region gegessen. Er duftet leicht nach Jasmin, was sich beim Kochen sogar noch verstärkt. Ich liebe den Duft von frisch gekochtem Jasminreis, der sich deutlich von anderen Reissorten unterscheidet.
2. Klebreis hat einen besonders hohen Stärkeanteil und wird beim Garen in einem Dämpfer zu einer klebrigen Masse. Man isst ihn mit den Händen und tunkt ihn in Currysoßen und Dips oder saugt damit leckere Salatdressings auf. Klebreis ist insbesondere in Nordthailand verbreitet und dort vor allem in der Region Isan.
3. Roter Reis ist sowohl als gewöhnlicher Reis als auch in einer etwas klebrigeren Version erhältlich. Er ist etwas gröber, weil er im Gegensatz zu weißem Reis ungeschält ist. Sein Geschmack ist nussig und er passt großartig zu aromatischen Currygerichten.
4. Schwarzer Jasminreis enthält sehr viele schwarze Farbpigmente, die er beim Kochen an das Wasser abgibt. Der Reis selbst wirkt gekocht eher lila als schwarz. Schwarzer Reis wird recht klebrig und kann auch für Desserts wie Klebreis mit Kokossoße und Mango verwendet werden. Ich serviere schwarzen Reis – beträufelt mit einer Soße aus Kokoscreme, Fischsoße, Limettensaft und Palmzucker – gerne zu gegrilltem Fisch. Superlecker!

REISKOCHER – SEHR ZU EMPFEHLEN

Reis in einem Reiskocher zuzubereiten ist wirklich eine tolle Sache, denn der Reis gelingt darin einfach deutlich besser. Man füllt den zuvor gewaschenen Reis in den Reiskocher, gießt die entsprechende Menge Wasser dazu und überlässt das Garen dann dem Gerät. Der Reis wird immer perfekt und angebrannte Reistöpfe gehören der Vergangenheit an.

NUDELN

In Thailand gibt es unzählige verschiedene Arten von Nudeln: Reisnudeln (schmal, breit, dick und dünn), Weizennudeln (mit und ohne Ei) und Glasnudeln aus Tapiokastärke. Ich greife meist zu den frischen Reis- oder Eiernudeln aus der Kühltheke des Asia-Ladens, weil sie einfach besser schmecken, aber es gibt auch gute Trockenvarianten in einer riesigen Auswahl. Probieren Sie sich einfach durch die Nudelvielfalt hindurch, bis Sie Ihren Favoriten gefunden haben!

Man serviert die Nudeln in Suppen, Eintöpfen, Wokgerichten und Salaten. Manchmal frittiert man sie und reicht sie zur Nudelsuppe Khao Soi (siehe S. 107).

DIE THAILÄNDISCHEN REGIONEN

Je nach Region kommen in Thailand unterschiedliche Gerichte auf den Tisch.

Uns in der westlichen Welt sind sicherlich die südthailändischen Gerichte am geläufigsten, die einem im Urlaub an den paradiesischen Stränden serviert werden. Im Süden findet man auch die schärfsten Gerichte der thailändischen Küche, was vermutlich daran liegt, dass Chilipflanzen in den tropischen Landschaften bestens gedeihen. Weil auch Kokosnüsse hier im Überfluss wachsen, landen viele Currys auf Kokosmilchbasis auf den Tellern, die meist mit Jasminreis als Beilage serviert werden. Sollte einem hier wider Erwarten dennoch Klebreis begegnen, stammen die Restaurantbesitzer vermutlich aus Nordthailand. Gewürzt werden die Kokoscurrys mit reichlich Palmzucker, der mit Garnelenpaste und Fischsoße ausbalanciert wird.

Die Küche in Zentralthailand ist eine Mischung aus südlichen und nördlichen Einflüssen. Das gilt besonders für Bangkok, wo man wirklich alles aus dem gesamten Land bekommen kann. Einen eigenen Stil kann man nicht wirklich ausmachen, Pfannengerührtes ist hier aber präsenter als im Rest des Landes. Ein Grund könnte sein, dass Streetfood in der Hauptstadt einen großen Stellenwert hat und pfannengerührte Gerichte an den Straßenständen schnell über offenem Feuer auf einem Thaigrill zubereitet werden können. In Zentralthailand werden Gerichte zudem großzügig gezuckert. Man überzieht Schweinefleisch oder auch Desserts gerne mit Palmzuckerkaramell und auch in Currygerichten schmeckt man den Zucker deutlich heraus, dem die salzige Fischsoße entgegengestellt wird.

Nordthailand ist in verschiedene Regionen unterteilt, deren Küchen im Osten von Laos und Kambodscha und im Westen von Burma und Südchina beeinflusst sind. Die größte Stadt Chiang Mai stand viele Jahre lang unter burmesischer Herrschaft, was Kulinarik und Traditionen stark prägte. Im Norden Thailands kommen häufig südchinesische Gewürzmischungen aus Zimt, Nelke und Sichuanpfeffer zum Einsatz, was ich sehr mag. Anstelle von Fischsoße und Garnelenpaste verwendet man hier Sojabohnen als „Geschmacksverstärker". Man trocknet fermentierte Sojabohnenpaste in Form von dünnen Platten, die an Knäckebrot erinnern, und bröselt diese in Eintöpfe oder Suppen, um ihnen einen vollmundigen Umami-Geschmack zu verleihen. Diese Platten, die man auch in manchen Asia-Shops bekommt, sind ein toller vegetarischer Ersatz für Fischsoße und Garnelenpaste. Im Norden Thailands ist das Essen nicht ganz so scharf und man findet auch milde Currygerichte. Anders als in der südthailändischen Küche enthalten sie oft keine Kokosmilch und auch nicht so viel Zucker. Die berühmten Laab-Gerichte aus Leber und Blut stammen aus dem Nordwesten des Landes, sie unterscheiden sich aber stark vom klassischen Laab aus dem Nordosten Thailands.

Klare Regeln gibt es in der Thai-Küche nicht. Und auch wenn die Menschen munter Einflüsse aus anderen Regionen, Großstädten oder von ausländischen Freunden in ihre Küche aufnehmen, sind regionale Unterschiede in Bezug auf die Gerichte und Zutaten weiterhin festzustellen.

GRUNDVORRAT

Folgende Zutaten sind unverzichtbar, wenn man regelmäßig thailändisch kochen möchte:

1. Fischsoße ist ein absolutes Muss und kommt eigentlich in jedes Gericht. Es gibt verschiedene Arten von Fischsoßen, die entweder aus Fisch oder Tintenfisch hergestellt werden. Fischsoße der Marke Red Boat kann ich besonders empfehlen – auch Fischsoßenverächter werden bekehrt, wenn man ihnen ein Dressing mit dieser Soße serviert. Eine weitere Fischsoßenvariante nennt sich Pla Rah und stammt aus der thailändischen Provinz Isan. Sie ist dickflüssiger und hat einen recht strengen Geruch.
2. Austernsoße darf ebenfalls in keinem Haushalt fehlen. Die dunkle, süß-salzige Würzsoße steckt randvoll mit Umami und besteht aus Austern, Sojasoße, Zucker und vielen weiteren Zutaten. Verwendung findet sie vor allem in Wokgerichten.
3. Kokosmilch oder Kokoscreme? Gar nicht so einfach zu beantworten. Ich verwende stets die köstliche Kokoscreme der Marke Savoy, weil sie Currygerichte besonders cremig macht. Falls die Soße zu dick wird, füge ich einfach noch etwas Wasser hinzu. Alle Rezepte in diesem Buch lassen sich auch mit Kokosmilch zubereiten, allerdings wird die Soße dann dünner und kann bisweilen auch gerinnen. Kaufen Sie Kokoscreme und -milch möglichst in Asia-Shops und fragen Sie dort beim Personal einfach einmal nach, welche Marke sie selbst empfehlen würden.
4. Thailändische süße Sojasoße unterscheidet sich etwas von japanischer oder chinesischer Sojasoße. Sie ist recht dickflüssig und hat einen intensiven, süßen Geschmack. Alternativ kann man Ketjap Manis verwenden.
5. Garnelenpaste kommt in der Thai-Küche oft zum Einsatz und verleiht Soßen, Würzpasten, Curry- und Wokgerichten Geschmack. Sie ist sehr intensiv und riecht nicht sonderlich angenehm. Ich verwende stattdessen meist unverarbeitete getrocknete Garnelen, bei denen ich sicher sein kann, dass keine unerwünschten Zusatzstoffe enthalten sind. Von diesen Garnelen habe ich immer einen kleinen Vorrat im Tiefkühler. Klein gehackt verleihen sie Gerichten Umami und die rechte Portion Salz. Veganer und Allergiker können auf fermentierte Sojabohnenpaste oder japanisches Miso ausweichen.
6. Palmzucker hat einen unverwechselbaren Geschmack, kann aber zur Not auch durch braunen Zucker ersetzt werden.
7. Ich habe immer verschiedene getrocknete Chilischoten zu Hause, z. B. aus Thailand, China und Sri Lanka. Testen Sie ihre Schärfe, um herauszufinden, wie man sie am besten einsetzt.
8. Fermentierte Sojabohnenpaste ist, wie auch Fischsoße, ein „Geschmacksverstärker". Ebenso wie Miso hat sie einen vollmundigen Umamigeschmack und ist eine tolle vegetarische Alternative zur Fischsoße.

UNREIFE FRÜCHTE

Papayas, Mangos und Jackfrüchte werden in Thailand auch unreif verarbeitet und unterscheiden sich in Konsistenz und Aroma deutlich von reifen Exemplaren. Die grüne Papaya hat zum Beispiel nicht viel Eigengeschmack, saugt aber gierig herzhafte Dressings auf und bleibt in einem Salat auch beim Mörsern schön knackig. Im Gegensatz dazu ist die unreife Mango extrem sauer und passt daher perfekt in Salate mit süßlichem Dressing. Beliebtes Streetfood sind kleine unreife Mangos, die man in einen süß-scharfen Dip tunkt und als Snack genießt.

JACKFRUCHT

Die Jackfrucht wird in der modernen Küche gerne als Fleischersatz verwendet. Ich setze sie inzwischen auch in nicht-thailändischen vegetarischen Gerichten ein und mache daraus „Hacksteaks", die richtig gut schmecken und eine tolle Konsistenz haben. Man zermörsert die Frucht zunächst zu einer faserigen Masse und kann sie dann braten oder in einen Salat geben. Ich verwende meist die Dosenvariante.

TAMARINDE

Tamarinde schmeckt wie eine Mischung aus Backpflaume, Limette und Rosine und ist sowohl frisch als auch als fertige Paste im Glas erhältlich. Die frische Variante – eine hellbraue, wurstförmige Schote mit einem schwarzen, klebrigen Inneren – erscheint auf den ersten Blick etwas sonderbar, doch ihr Tamarindenmark ist eine echte Offenbarung.

Tamarindenpaste kaufe ich meist als Fertigprodukt. Es gibt viele verschiedene Marken und ich habe zahlreiche ausprobiert. Anfangs glaubte ich, dass die Farbe ein Indikator für den Geschmack wäre und dass eine dunkle Farbe auf weniger Zusatzstoffe und Wasser hindeuten würde. Das war aber falsch – man muss sie einfach probieren! Mein Favorit enthält fast keine Zusatzstoffe und hat eine hellbraune Farbe.

Man kann Tamarinde sowohl für süße als auch für herzhafte Speisen verwenden. Ich serviere zum Beispiel gerne Grillhähnchen mit BBQ-Tamarindensoße oder koche Tamarinde und Palmzucker zu einer leckeren Soße für Eis oder Desserts ein.

Als Ersatz für die Tamarinde eignet sich der säuerliche Sanddorn, wovon ich mich in einem Londoner Thai-Restaurant überzeugen konnte. Eine superleckere und dabei sogar regionale Alternative!

AUBERGINE

Wenn man in asiatischen Geschäften Auberginen kauft, kommt man sich vor wie in einem exotischen Bonbonladen. Es gibt sie nämlich – ganz anders als bei uns – in allen möglichen Formen, Farben, Größen und Mustern und jede Sorte ist in Bezug auf Geschmack und Konsistenz einzigartig.

Die kleine grüne Thai-Aubergine (auch Pokastrauch-Beere oder Erbsenaubergine) schmeckt leicht bitter, bleibt auch beim Garen schön knackig und ist eine der Hauptzutaten im Currygericht Gaeng Pah (Dschungel-Curry, siehe S. 96). Wenn ich Salate, Currygerichte und gegrillte Auberginen zubereite, schwöre ich auf einen bunten Mix aus grünen, violetten, gelben, kleinen, großen, runden und länglichen Varianten. Die etwas größeren, grün gesprenkelten, runden Thai-Auberginen sind etwa so groß wie eine Limette. Sie haben ein festes Fruchtfleisch und müssen ordentlich gebraten oder gekocht werden, um weich zu werden. Man kann sie aber auch roh einsetzen, zum Beispiel gemörsert in Salaten, Dips oder Würzpasten. In meinen Rezepten lässt sie sich auch durch eine normale schwarze Aubergine ersetzen.

PFEFFER

In Thailand kommt Pfeffer reichlich zum Einsatz – in manchen Gerichten spielen die kleinen scharfen Körner sogar die Hauptrolle. Erhältlich sind weißer, schwarzer und frischer grüner Pfeffer sowie Sichuanpfeffer.

Der frische grüne Pfeffer ist eine wichtige Zutat im thailändischen Dschungel-Curry (siehe S. 96) und deshalb in vielen Asia-Shops zu finden. Ich röste weiße und schwarze Pfefferkörner vor der Verwendung oft in einer trockenen Pfanne und zerstoße sie dann im Mörser, weil sie so einen viel besseren, intensiveren Geschmack entwickeln.

KRÄUTER

Als ich zum allerersten Mal ein Thai-Gericht aß, waren es vor allem die Kräuter, die mich begeisterten. Ich mag den fast maßlosen Umgang mit Kräutern in Currygerichten und Salaten sehr – die Mischung aus erfrischender Minze, intensiv-würzigem Koriander und lakritzartigem Thai-Basilikum steht in einem wundervollen Kontrast zur skandinavischen und japanischen Küche, mit denen ich mich bisher vornehmlich beschäftigt habe.

In der thailändischen Küche verwendet man drei verschiedene Basilikumsorten, die allesamt unterschiedlich schmecken. Am bekanntesten ist das violettstielige Thai-Basilikum (Bai Horapa), eine Unterart des italienischen Basilikums. Dann gibt es noch die eher würzige Basilikumsorte Bai Krapao (indisches Basilikum), die rote Blätter und einen pfeffrigen, leicht nelkenartigen Geschmack besitzt, sowie Bai Maenglak (Zitronenbasilikum), das geschmacklich an Zitronenschale und Kampfer erinnert. In meinen Rezepten kommen nur Thai-Basilikum und indisches Basilikum zum Einsatz.

Auch bei der Minze gibt es verschiedene Sorten. In Asia-Shops wird meist Pfefferminze angeboten, doch weil mir ihr Zahnpastageschmack nicht so zusagt, greife ich lieber nach Grüner Minze. Wenn man die Pfefferminze jedoch mit Thai-Basilikum und Koriander kombiniert, entsteht eine sehr gelungene Mischung. Verwenden Sie also einfach die Minze, die gerade erhältlich ist.

Wenn man Glück hat, findet man die grünen Betelpfefferblätter (Cha Plu) in der Kühltheke des Asia-Shops. Ohne sie ist das Snackgericht Miang Kham (siehe S. 49) nicht komplett, für das Garnelen, Chili, Schweinefleisch oder Fisch in die Blätter eingerollt werden. Wraps auf Thailändisch!

Die Kaffirlimette (in der Kühltheke des Asia-Ladens liegt sie oft direkt neben ihren Blättern) ist eine kleine Zitrusfrucht mit duftender Schale, die zum Aromatisieren von Soßen, Currypasten und Dressings eingesetzt wird. Ihre Blätter sind gefroren oder getrocknet erhältlich, wobei ich die Tiefkühl-Variante bevorzuge. Wenn ich Glück habe und frische Blätter finde, friere ich Reste ein und habe dann immer einen Vorrat zu Hause.

ZITRONENGRAS

Zitronengras ist inzwischen in fast jedem Supermarkt zu finden und sollte schnell verbraucht werden, weil es nach und nach an Aroma verliert. Damit ich stets Zitronengras griffbereit habe, friere ich es ein. Vor der Verwendung muss man Zitronengras mit einem Mörserstößel oder der Rückseite eines Messers ordentlich zerquetschen, damit die ätherischen Öle sich lösen und der Geschmack sich besser entfalten kann. Ich entferne stets die zwei äußeren, holzigen Schichten und verwende nur das Innere.

CHILI

Es gibt unendlich viele Chilisorten, die mild, fruchtig oder extrem scharf sein können. In Thailand verwendet man meist die kleinen, sehr scharfen Vogelaugenchilis (Prik Kee Noo), die ein wenig an Piri-Piri-Chilischoten erinnern. Es kommen aber auch andere Sorten zum Einsatz, wie eine hellgrüne Chilischoten-Art, die an Paprika erinnert und lecker gefüllt und frittiert werden kann, sowie eine Sorte namens Prik Mun, die ähnlich dunkelgrün ist wie die Jalapeño und oft eingelegt wird. Die hellgrüne, ziemlich scharfe Prik Noom wird hingegen gerne gegrillt und dann zu einem Dip zermörsert. In Thailand ist die Chili-Auswahl also groß, bei uns aber leider eingeschränkt.

In den meisten Asia-Shops findet man allerdings Vogelaugenchilis, die ich deshalb fleißig verwende. Meist mische ich sie mit anderen, etwas milderen Chilisorten wie Jalapeño oder Dutch Red. Gerade bei der roten Currypaste ist es wichtig, verschiedene Chilisorten mit unterschiedlichem Schärfegrad zu mischen. Denn wenn die Paste unerträglich feurig wird, muss man sie unweigerlich sparsamer dosieren und büßt dann auch viel Aroma ein.

Leider kann man sich auf den Schärfegrad der einzelnen Chilis nie verlassen – manchmal bekommt man die geballte Ladung, manchmal sind sie ganz mild. Deswegen muss man sich langsam vortasten. Geben Sie erst nur wenig in Ihr Gericht, probieren Sie und steigern Sie die Dosis dann nach Bedarf.

Übrigens sind die kleinen scharfen Früchte hinterhältig und hinterlassen überall ihre Spuren – unter den Fingernägeln, in Hautrissen und an Dingen, die man nach dem Hacken der Chilis berührt. Ich trage deswegen immer Handschuhe. Aufpassen muss man aber trotzdem, vor allem auf Gesicht, Augen, Schleimhäute sowie Babys und Kleinkinder. Hacken Sie immer mit Umsicht – kleiner Tipp von einer Frau, die schon viele „Chili-Pannen" hatte.

CHILI-SCHÄRFE IN DEN REZEPTEN

Damit Sie den Schärfegrad der Gerichte an Ihren Gusto anpassen können, habe ich die Menge der Chilischoten in einer Von-bis-Spanne angegeben. Ich mische auch häufig ein paar mildere Chilis unter, und das nicht nur, um schärfeempfindliche Mägen zu schonen, sondern auch, um einen ausgewogeneren Geschmack zu erzielen. Wie viel Schärfe der Einzelne verträgt, ist sehr individuell – manche stecken extrem feurige Speisen locker weg, andere bekommen schon bei milder Schärfe Hitzewallungen. Man kann die Schärfe allerdings durch bestimmte Getränke abmildern. In Thailand serviert man oft einen Bananenshake oder thailändischen Eistee, die eine ähnliche Wirkung haben wie Lassi in Indien und Ayran in der Türkei.

SCHALOTTEN UND KNOBLAUCH

Fast alle Rezepte in diesem Buch enthalten Schalotten und Knoblauch. Es kommen allerdings nicht die Sorten zum Einsatz, die wir aus dem Supermarkt kennen, sondern die viel schmackhafteren kleinen thailändischen Knoblauchzehen und Schalotten aus dem Asia-Laden. Die Thai-Versionen entwickeln kein so beißendes oder aufdringliches Aroma und sind etwas einfacher zu mörsern. Weil die Knoblauchzehen nur eine dünne Haut umgibt, können sie sogar mit Schale zerstoßen werden. Falls keine thailändischen Varianten erhältlich sind, kann man aber selbstverständlich auch den gängigen Knoblauch und normale Schalotten oder Bananenschalotten verwenden.

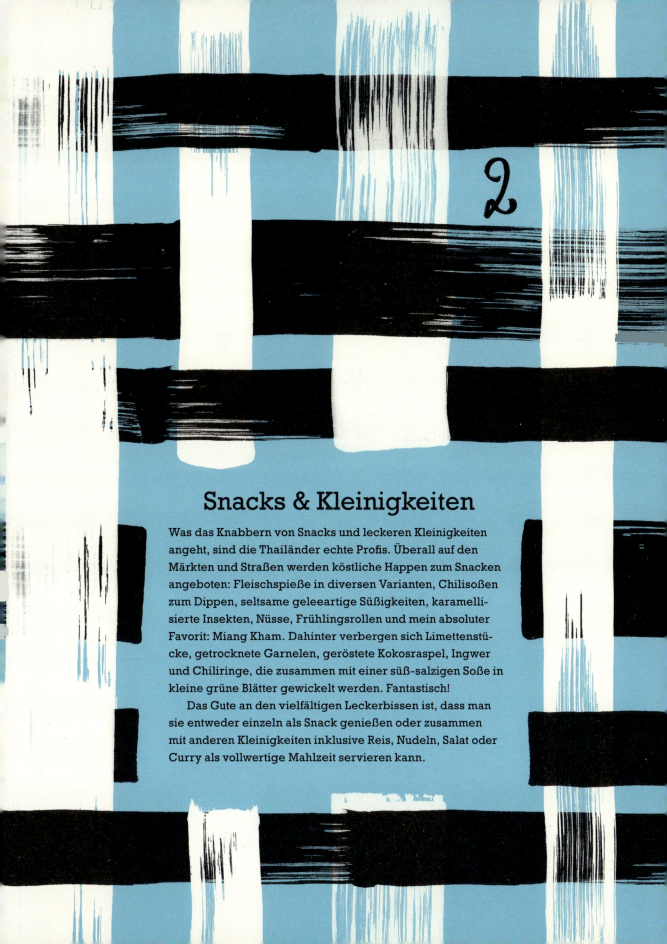

2

Snacks & Kleinigkeiten

Was das Knabbern von Snacks und leckeren Kleinigkeiten angeht, sind die Thailänder echte Profis. Überall auf den Märkten und Straßen werden köstliche Happen zum Snacken angeboten: Fleischspieße in diversen Varianten, Chilisoßen zum Dippen, seltsame geleeartige Süßigkeiten, karamellisierte Insekten, Nüsse, Frühlingsrollen und mein absoluter Favorit: Miang Kham. Dahinter verbergen sich Limettenstücke, getrocknete Garnelen, geröstete Kokosraspel, Ingwer und Chiliringe, die zusammen mit einer süß-salzigen Soße in kleine grüne Blätter gewickelt werden. Fantastisch!

Das Gute an den vielfältigen Leckerbissen ist, dass man sie entweder einzeln als Snack genießen oder zusammen mit anderen Kleinigkeiten inklusive Reis, Nudeln, Salat oder Curry als vollwertige Mahlzeit servieren kann.

Roter Chilidip,
siehe S. 35

Schweinefleischdip, *siehe S. 35*

Grüner Chilidip, *siehe S. 34*

NAM PRIK – DIE KUNST DES DIPPENS

Dippen gehört in Thailand zum Alltag und, anders als bei uns, ist ein Dip-Gericht oft eine vollwertige Mahlzeit. Nam Prik ist der Oberbegriff für verschiedenartigste Chili-Dips, die sehr flüssig, dickflüssig oder auch stückig sein können. Chili ist in allen Nam-Prik-Dips enthalten, die weiteren Zutaten aber variieren. Da ist von Gemüse über Meeresfrüchte bis zu Hackfleisch alles möglich. Welche Ingredienzien man wählt, spielt gar keine so große Rolle, Hauptsache, der Dip ist richtig schön scharf!

Damit wir beim Genuss dieser scharfen Sößchen allerdings nicht gleich vom Stuhl fallen, mildere ich die Schärfe durch den Mix verschiedener Chilisorten ab. Ich nutze normale Paprika oder Pimientos de Padrón für den Geschmack, Jalapeños für milde Schärfe, Dutch Red für mittlere Schärfe und Thai-Chilischoten – frisch oder getrocknet – für extremes Feuer. Probieren Sie selbst aus, was Ihre Geschmacksknospen aushalten, denn es gibt keine allgemeingültigen Regeln. Nur lecker muss es sein.

Die passende Zutat zum Dippen zu finden, ist nicht schwer. Ich nehme, was ich gerade im Kühlschrank finde, und verwende meistens gedämpftes Gemüse wie Kohl, Möhren, kleine Zwiebeln und Bohnen. Auch gegrillter Fisch oder Thai-Wurst sind köstlich, ebenso Schweinekrusten und gekochte Eier.

ca. 250 g NAM PRIK NUM – GRÜNER CHILIDIP

Dieser Dip ist recht mild und vollmundig im Geschmack. Wer keinen Grill hat, kann das Gemüse in einer heißen Pfanne braten.

- 4 frische Jalapeño-Chilischoten
- 2 frische grüne Dutch-Red-Chilischoten
- 4 frische kleine grüne Thai-Chilischoten
- 6 kleine Thai-Knoblauchzehen oder 2 normale
- 2 Zwiebeln, in Spalten
- 25 g grob gehackter frischer Koriander
- 3 EL grob gehackte Minze
- 1 EL fein gehackte getrocknete Garnelen
- 1 EL Fischsoße
- 1 ½ EL frisch gepresster Limettensaft

1. Chilis, Knoblauch und Zwiebeln bei sehr hoher Hitze grillen oder braten. Zum Grillen auf Grillspieße stecken, damit sie nicht durch den Grillrost fallen, am besten für jede Sorte einen separaten Spieß. Das Gemüse ordentlich Farbe annehmen lassen – die Zwiebeln brauchen viel Zeit, um weich zu werden, werden dann aber auch schnell schwarz. Deshalb achtgeben.
2. Alle Zutaten zu einem Dip pürieren oder mörsern und mit Fischsoße und Limettensaft abschmecken.

Siehe Foto S. 33

NAM PRIK TA DAENG – ROTER CHILIDIP

ca. 250 g

Nam Prik Ta Daeng wird in der Regel aus getrockneten Chilis hergestellt. Für etwas mehr Frische gebe ich meist noch ein paar frische Chilischoten dazu. Dieser Dip ist höllisch scharf und das muss auch so sein. Die Augen müssen tränen und in der Brust muss es brennen wie Feuer. Klebreis (siehe S. 134) oder Thai-Eistee (siehe S. 41) sind zum Feuerlöschen aber erlaubt.

- 6 getrocknete rote Thai-Chilischoten
- 6 frische kleine rote Thai-Chilischoten
- 2 frische rote Dutch-Red-Chilischoten
- 6 kleine Thai-Knoblauchzehen oder 2 normale
- 2 kleine Schalotten
- 1 EL Tamarindenpaste
- 1 EL fein gehackte getrocknete Garnelen
- 2 EL Fischsoße
- 1 EL Palmzucker

1. Die getrockneten Chilis in einer Schale mit heißem Wasser übergießen und 15 Minuten einweichen.
2. Abgießen und die Chilis mit den restlichen Zutaten zu einem festen Dip pürieren oder mörsern.

Siehe Foto S. 32

NAM PRIK ONG – SCHWEINEFLEISCHDIP

ca. 120–250 g

Ein Dip aus Hackfleisch klingt vielleicht merkwürdig, ist aber ein echter Hit.

- 2 EL neutrales Rapsöl
- 9 kleine Thai-Knoblauchzehen oder 3 normale, fein gehackt
- 4 kleine Schalotten, fein gehackt
- 2 EL fein gehackter Ingwer
- 2–4 frische kleine rote Thai-Chilischoten, fein gehackt
- 2 frische rote Dutch-Red-Chilischoten, fein gehackt
- 1 EL fein gehackte getrocknete Garnelen
- 100 g Schweinehackfleisch
- 1 EL Fischsoße
- 10 Kirschtomaten, halbiert

1. Das Öl in einer Pfanne auf mittlerer Stufe erhitzen und Knoblauch, Schalotten, Ingwer, Chilis und Garnelen darin 5 Minuten braten.
2. Das Fleisch zufügen und unter Rühren braten, bis es leicht angebräunt und gar ist.
3. Fischsoße und Tomaten zugeben und alles zu einer dicken Soße einköcheln.
4. Grob pürieren – Fleisch und Tomaten sollten noch in kleinen Stücken sichtbar sein. Man kann den Dip lauwarm oder kalt servieren.

Siehe Foto S. 32

Saure Mango
mit Nam Pla Wan,
siehe S. 39

Erdnüsse
mit Limettenblättern,
siehe S. 38

Pimientos de Padrón,
siehe S. 38

Würzige Erdnüsse, *siehe S. 41*

Kokos-Curry-Hähnchenflügel, *siehe S. 40*

ERDNÜSSE MIT LIMETTENBLÄTTERN

ca. 150 g

Ein toller Snack! Die knusprigen Blätter bröselt man entweder über die Nüsse oder knabbert sie einfach dazu.

200–300 ml neutrales Rapsöl
150 g ungeröstete, ungesalzene Erdnusskerne
1 TL Meersalzflocken
15 frische Kaffir-Limettenblätter

1. Das Öl in einer Pfanne erhitzen und die Erdnüsse mit ½ TL Salz darin 2–3 Minuten frittieren, bis sie aufpoppen und leicht angebräunt sind. Nicht zu lange rösten, sonst schmecken sie verbrannt.
2. Die Nüsse mit einem Schaumlöffel herausnehmen und auf Küchenpapier abtropfen lassen.
3. Die Limettenblätter ins heiße Öl geben (Vorsicht, das kann spritzen!) und die Pfanne sofort vom Herd nehmen. 20–30 Sekunden erhitzen; die Blätter sollten leuchtend grün, aber keinesfalls angebräunt sein. Zu den Erdnüssen auf das Küchenpapier legen und abkühlen lassen. Mit ½ TL Salz bestreuen und zu einem kalten Bier servieren.

Siehe Foto S. 36

PIMIENTOS DE PADRÓN

4 Portionen

Einfach und lecker. Perfekt zu einem Thai-Bier oder orangem Naturwein.

12 Pimientos de Padrón
50 ml Austernsoße
Saft von ½ Limette
½ TL geröstetes Chilipulver (Prik Bon)
3 EL fein gehackte Erdnüsse

1. Eine Pfanne oder Grillpfanne auf hoher Hitze vorheizen. Die Pimientos darin rundum gut anbräunen, bis sie leicht schrumpelig geworden sind.
2. Austernsoße und Limettensaft zugießen und durch Schwenken der Pfanne verteilen. Chilipulver und Erdnüsse darüberstreuen und sofort servieren.

Siehe Foto S. 36

Nam Pla Wan
ca. 120 g

SAURE MANGO MIT NAM PLA WAN

Dieses Dip-Gericht ist in Thailand ein echter Streetfood-Hit. An jeder Ecke stehen die Verkäufer an ihren Ständen und bieten unreife, saure Mangos mit süß-salzigem Dip an. Übrigens kann man hier anstelle der Mango auch Rhabarber verwenden, was im Sommer die Rettung ist, wenn der Rhabarber Saison hat und unreife Mangos schwer erhältlich sind.

Nam Pla Wan
80 g Palmzucker
50 ml Fischsoße
2 kleine Schalotten, fein gehackt
1 EL fein gehackte getrocknete Garnelen
1–3 getrocknete kleine Thai-Chilischoten

5 kleine unreife grüne Mangos

1. Den Zucker in einem Topf langsam schmelzen. Die Fischsoße zufügen und beides etwa 3 Minuten zu einer sämigen Sauce einköcheln.
2. Schalotten, Garnelen und gewünschte Menge getrocknete Chilis unterrühren. Abkühlen lassen und als süß-scharfen Dip zu den sauren Mangos servieren.

Siehe Foto S. 36

KOKOS-CURRY-HÄHNCHENFLÜGEL

4 Portionen

Wenn sich der kleine Hunger meldet oder man Lust auf einen herzhaften Snack zum Bier hat, gibt es nichts Besseres als diese saftigen Hähnchenflügel. Manchmal frittiere ich sie, manchmal bereite ich sie auch im Ofen zu. Man sollte sich aber auf jeden Fall die Mühe machen und die Flügel halbieren, weil es den Genuss noch ein wenig steigert. Die eine Hälfte lässt sich dann wie ein Mini-Schenkel in die Hand nehmen und die saftige, ovale zweite Hälfte lädt schön zum Knabbern ein.

900 g Hähnchenflügel
3 EL rote Currypaste
1 EL fein geriebener Ingwer
200 g Kokoscreme
6 Kaffir-Limettenblätter, zerzupft oder in Streifen
2 EL Fischsoße
1 ½ EL Palmzucker
1 Limette, in Spalten

1. Den Backofen auf 225 °C vorheizen.
2. Die Flügel mit einem Schnitt durch das Gelenk halbieren. Nach Belieben den Knochen des unteren Teils freilegen, dann wirkt er wie ein Mini-Schenkel.
3. Das Fleisch mit Currypaste, Ingwer, Kokoscreme, Limettenblättern, Fischsoße und Palmzucker gut vermengen und auf einem mit Backpapier ausgelegten Backblech verteilen.
4. Etwa 30 Minuten backen, bis die Hähnchenflügel gar, goldbraun und leicht knusprig geworden sind. Nach Belieben in den letzten 10 Minuten den Backofengrill zuschalten, damit sie noch knuspriger werden.
5. Als Snack mit Limettenspalten oder als Hauptgericht mit Reis und einem leckeren Salat servieren, zum Beispiel mit dem grünen Papayasalat (siehe S. 59) oder dem Gurkensalat mit geröstetem Reis (siehe S. 64).

Siehe Foto S. 37

TUA TOM – WÜRZIGE ERDNÜSSE

4 Portionen

Mit ihrer Schale gekochte Erdnüsse sind bei uns noch weitgehend unbekannt, in Thailand, Brasilien und dem Süden der USA sind sie aber ein beliebter Snack. Man serviert sie heiß – entweder pur oder mit verschiedenen Gewürzen. Natürlich kann man die Erdnüsse selbst kochen, Voraussetzung dafür ist jedoch, dass man grüne, unreife Nüsse findet, die bei uns kaum erhältlich sind. Am einfachsten ist es deshalb, gegarte Erdnüsse als Fertigprodukt zu kaufen, die man in der Kühltheke mancher Asia-Shops findet.

250 g gekochte Erdnüsse mit Schale
2 EL rote Currypaste
6 Kaffir-Limettenblätter
2 EL Fischsoße
100 ml Wasser

1. Alle Zutaten in einen Wok oder eine Pfanne geben, 5 Minuten einköcheln lassen und sofort servieren.
2. Bei Tisch können Ihre Gäste die Erdnüsse durch einen Biss in die Schale aufknacken und kommen so auch in den Genuss der leckeren Gewürze drumherum.

Siehe Foto S. 37

THAI-EISTEE

4 Gläser

Dieses erfrischende Getränk, das man vor, zu oder nach dem Essen servieren kann, begegnet einem in Thailand wirklich überall.

800 ml schwarzer Tee
1 Stück Kurkuma (4 cm), fein gehackt, oder
½ TL Kurkumapulver
4 Gewürznelken
3 Sternanise
5 grüne Kardamomkapseln
150 g Kokoscreme
50 ml Kondensmilch
Eiswürfel nach Belieben

1. Den Tee mit Kurkuma und Gewürzen aufkochen, dann abkühlen lassen.
2. Abseihen, mit Kokoscreme, Kondensmilch und Eis mischen und servieren.

Koriander-Mayo
mit Chiliöl,
siehe S. 45

Salzige
Kaffir-Pommes,
siehe S. 44

Thai-Teigtaschen
mit Huhn,
siehe S. 47

Süß-scharfes
Thai-Hähnchen,
siehe S. 45

SALZIGE KAFFIR-POMMES

4 Portionen

Damit diese Pommes frites richtig knusprig werden, werden sie zuerst gewässert, danach gekocht, dann getrocknet und schließlich zweimal frittiert. Das Würzsalz ist vielseitig verwendbar – ich streue es auch auf Spiegeleier, Reis, gekochtes Gemüse mit gebräunter Butter und auf frisch gegrillten Fisch.

600 g mehligkochende Kartoffeln
1–2 l Frittieröl oder neutrales Rapsöl
2 Kaffir-Limettenblätter
Abrieb von ½ Kaffir-Limette oder gewöhnlichen Limette
1 EL Meersalzflocken

1. Die Kartoffeln schälen und in etwa 1 cm breite Stifte schneiden.
2. Die Kartoffeln in eine Schüssel mit kaltem Wasser legen, um einen Teil der Stärke zu entfernen.
3. Gesalzenes Wasser in einem Topf aufkochen und die Kartoffeln darin etwa 10 Minuten kochen, bis sie weich sind.
4. Mit einem Schaumlöffel herausheben, auf einem sauberen Geschirrtuch verteilen und etwa 15 Minuten trocknen lassen.
5. Das Öl auf 160 °C erhitzen und die Kartoffeln darin in mehreren Portionen jeweils etwa 3 Minuten frittieren. Nicht zu dunkel werden lassen; sie sollten nur ein wenig Farbe annehmen und leicht glänzen.
6. Mit einem Schaumlöffel herausheben und auf Küchenpapier 10 Minuten abtropfen lassen.
7. Das Öl auf 180 °C erhitzen und die Kartoffeln nochmals frittieren, bis sie knusprig und goldbraun sind. Mit einem Schaumlöffel herausheben und auf Küchenpapier abtropfen lassen.
8. Limettenblätter, Limettenschale und Salz fein mixen oder mörsern. Zum Servieren über die Pommes streuen.

Siehe Foto S. 42

SÜSS-SCHARFES THAI-HÄHNCHEN

4 Portionen

Diese knusprig frittierten Hähnchenteile werden vor dem Servieren in einer süß-scharfen Karamellsoße gewendet. Wer die Zeit hat, sollte das Fleisch über Nacht in der Marinade ziehen lassen. Dann wird es noch besser!

1 kg gemischte Hähnchenschenkel und -flügel
400 g Kokoscreme
4 EL Fischsoße
3 EL Palmzucker
2 TL fein gehackter Ingwer
1–3 frische kleine rote Thai-Chilischoten, in Streifen
4 Kaffir-Limettenblätter, in Streifen
300 g Weizenmehl
2 l neutrales Rapsöl
1 Limette

1. Hähnchenteile, Kokoscreme und 2 EL Fischsoße in einer Schüssel vermengen und 1 Stunde im Kühlschrank marinieren.
2. Palmzucker, restliche Fischsoße, Ingwer und Chilis in einem Topf etwa 10 Minuten zu einem Sirup einkochen. Dann die Limettenblätter unterrühren.
3. Fleisch aus der Marinade heben und im Mehl wälzen, bis es rundum bedeckt ist.
4. Das Öl auf 180 °C erhitzen.
5. Das Fleisch portionsweise etwa 10 Minuten knusprig frittieren.
6. Mit einer Zange herausheben und auf Küchenpapier abtropfen lassen.
7. Hähnchenteile in der Soße wenden und sofort servieren.

Siehe Foto S. 43

KORIANDER-MAYO MIT CHILIÖL

ca. 200 g

Das thailändische Chiliöl, das ich immer für dieses Rezept verwende, ist höllisch scharf. Man kann es aber auch durch Sriracha-Soße oder Chilipulver ersetzen.

180 g Mayonnaise
1 ½ EL fein gehackter Koriander
1 TL zermörserte Korianderkörner
1–2 TL Chiliöl

Mayonnaise, Koriander und Korianderpulver glatt rühren, in eine Schale füllen und mit Chiliöl beträufeln.

Siehe Foto S. 42

THAI-TEIGTASCHEN MIT HUHN

20 Stück

Teigtaschen kann man nach Lust und Laune und mit allem, was man gerade zur Hand hat, füllen – es ist also eine gute Idee, stets einen Vorrat an Gyoza-Teigblättern im Tiefkühler zu haben. Meine Lieblingsfüllung ist Hähnchenfleisch mit Thai-Kräutern. Die Teigtaschen werden erst gebraten, dann gedämpft und noch einmal gebraten, damit sie schön knusprig werden.

300 g Gyoza-Teigblätter (TK)
2 Stängel Zitronengras, weich geklopft und in Streifen
4 Kaffir-Limettenblätter
2 EL fein gehackter Ingwer
1 TL Korianderkörner
2 EL Fischsoße
6 kleine Thai-Knoblauchzehen oder 2 normale
300 g Hähnchenschenkelfilet, in Stücken
3 EL fein gehackte Thai-Basilikumblätter
2–4 EL neutrales Rapsöl
75 ml Wasser

1. Die Gyoza-Blätter über Nacht im Kühlschrank oder 3 Stunden bei Zimmertemperatur auftauen lassen.
2. Zitronengras, Limettenblätter, Ingwer, Koriander, Fischsoße und Knoblauch zu einer Paste pürieren und in eine Schüssel füllen.
3. Das Fleisch im Mixer fein zerkleinern und mit der Gewürzpaste und Thai-Basilikum verrühren.
4. Je 1 EL der Füllung mittig auf ein Teigblatt geben und die Teigkanten mit kaltem Wasser befeuchten.
5. Den Teig über die Füllung falten und die Ränder, ohne Luft einzuschließen, gut zusammendrücken. Dabei eine Seite des Rands in Falten legen.
6. Das Öl in einer Pfanne erhitzen und die Teigtaschen darin in 2 Portionen bei mittlerer Hitze einige Minuten braten, bis die Unterseite angebräunt ist.
7. Mit dem Wasser übergießen und abgedeckt 3 Minuten dämpfen.
8. Den Deckel abnehmen und die Flüssigkeit verdampfen lassen, bis die Unterseite wieder knusprig ist.
9. Die Teigtaschen heiß mit Prik Nam Pla (siehe S. 169) servieren.

WEITERE KÖSTLICHE FÜLLUNGEN:
1. Fein geriebener Kohl, Seidentofu und Ei
2. Das Hühnerfleisch durch Schweinehackfleisch oder Garnelen-Farce ersetzen

MIANG KHAM

4 Portionen

In diese grünen Thai-Wraps könnte ich mich reinlegen! Süß, scharf, säuerlich und umami – alles auf einmal. Sie werden klassischerweise mit getrockneten Garnelen gefüllt, doch hier kann man der Fantasie freien Lauf lassen. Ich liebe gehackte frische Garnelen, aber auch Schweinebauch, Grillfleisch oder Thai-Wurst. Keinesfalls verwechseln sollte man das Thailändische Pfefferblatt (auch wilder Betel, Cha Plu oder Piper sarmentosum) mit Blättern des Betelpfeffers (piper betle), die meist als eine Art Kautabak genutzt werden. Diese Blätter sind etwas gröber und überhaupt nicht zum Einwickeln geeignet.

Soße
- 1 EL fein gehackter Ingwer
- 1 EL fein gehackte kleine getrocknete Garnelen
- 50 ml Wasser
- 2 EL geröstete Kokosraspel
- 2 EL fein gehackte geröstete Erdnüsse
- 3 EL Palmzucker
- 2 EL Fischsoße
- Saft und Abrieb von 1 Bio-Limette

Miang Kham
- 20 rohe Garnelen, ausgelöst und grob gehackt
- ½ EL fein gehackte geröstete Erdnüsse
- 25 g geröstete Kokosraspel
- 2 Limetten, filetiert und in kleine Stücke geschnitten
- 4 kleine Schalotten, fein gehackt
- 2–4 frische kleine rote Thai-Chilischoten, fein gehackt
- 20 Thailändische Pfefferblätter (Cha Plu)

1. Alle Soßenzutaten bis auf die Limettenschale in einen Topf geben und etwa 5 Minuten zu einer sämigen Soße einköcheln. Abkühlen lassen und den Limettenabrieb unterrühren.
2. Alle übrigen Zutaten zusammen mit der Soße anrichten. Die Blätter als Wraps verwenden und mit den Herrlichkeiten füllen. Bei der Chilimenge zählt nur der eigene Geschmack!

WEITERE KÖSTLICHE FÜLLUNGEN:
1. Gebratene Garnelen ohne Kopf
2. Gegrillte Thai-Würstchen in dünnen Scheiben
3. Knuspriger Schweinebauch
4. Eingeweichte getrocknete Garnelen

RÜHREI MIT MARKKNOCHEN UND ROTI

4 Portionen

Für mich gehören Eier zu einem guten Frühstück einfach dazu. Besonders lecker ist diese thailändisch inspirierte Rühreiversion mit Fischsoße, Kräutern und der Chilisoße Prik Nam Pla. Wer die Zeit hat, kann noch Roti-Brote backen, doch auch mit normalem geröstetem Brot schmeckt es köstlich.

4 Markknochen à 10 cm Länge
Salz
2 EL Butter
6 Eier
1 EL Fischsoße
25 g frisch zerzupfte Kräuter, z.B. Thai-Basilikum, Koriander, Dill
1 Rezeptmenge Roti (siehe S. 88), fertig gebacken
100 ml Prik Nam Pla (siehe S. 169)

1. Den Backofen auf 250 °C vorheizen. Die Markknochen auf ein Backblech legen und mit etwas Salz bestreuen. Etwa 30 Minuten im Ofen rösten, bis das Mark gar ist und zu köcheln beginnt.
2. Die Butter in einer Pfanne schmelzen, bis sie anbräunt. Die Eier verquirlen, in die Pfanne geben, dann rasch mit einem Löffel oder Pfannenwender die Fischsoße unterrühren. Bei mittlerer Hitze weiterrühren, bis ein cremiges Rührei entstanden ist.
3. Das Rührei mit Markknochen und Roti anrichten, mit Kräutern bestreuen, mit der gewünschten Menge Prik Nam Pla beträufeln und sofort servieren. Eventuell übrige Prik Nam Pla als Dip für die Roti-Brote verwenden.

DÜNNES ODER DICKES ROTI: Roti-Brote gibt es als dünne oder dicke Fladen. Für das Rührei ist die dickere Variante besser geeignet, die dann eher an Scones oder englische Muffins erinnert.

Frittierte Frühlingsrollen, *siehe S. 54*

FRITTIERTE FRÜHLINGSROLLEN

12 große oder 30 kleine Stück

Knusprig frittierte Frühlingsrollen mit süßem Chili-Dip finden sich auf jeder thailändischen Speisekarte. Die Chilisoße kaufe ich immer als Fertigprodukt, weil meine selbst gemachten Versionen leider nie an das Original herankamen, aber man kann natürlich auch einen anderen Dip nach Gusto verwenden. Die Füllung lässt sich ebenfalls variieren. Bei mir sind es oft Wurzelgemüsestreifen, Reis, Glasnudeln, Eier, Tofu, Spinat, Kräuter, Hähnchen, Mangold, Garnelen, Fisch und andere Dinge, die sich gut einwickeln lassen. Klassischerweise umhüllt man die Knusperrollen mit Eisbergsalatblättern und Kräutern und dippt sie dann in die Soße.

- 1 Rolle TK-Frühlingsrollenteig, zwischen 10 x 10 cm und 14 x 14 cm Seitenlänge
- 100 g dünne Reisnudeln
- 1 EL neutrales Rapsöl zum Braten
- 100 g Schweinehackfleisch
- 3 EL Fischsoße
- 2 EL fein geriebener Ingwer
- 3 kleine Thai-Knoblauchzehen oder 1 normale, fein gehackt
- 50 g Weißkohl, geraspelt
- 120 g frische Bohnensprossen
- 2 Bund frische Kräuter, z. B. Thai-Basilikum und Koriander, fein gehackt
- 1–2 l Frittieröl
- 240 ml süße Chilisoße oder anderer Dip nach Wahl

1. Den Teig über Nacht im Kühlschrank oder 3 Stunden bei Zimmertemperatur auftauen lassen.
2. Die Reisnudeln gemäß Packungsanleitung garen, abschrecken und abtropfen lassen. Lange Nudeln klein schneiden.
3. Das Rapsöl in einer Pfanne erhitzen und Hackfleisch, Fischsoße, Ingwer und Knoblauch darin anbraten.
4. Kohl und Bohnensprossen zufügen und weiterbraten, bis sie weich geworden sind.
5. Die Nudeln unterrühren.
6. Das Ganze vor dem Füllen eine Weile abkühlen lassen.
7. Eine Teigplatte mit einer Ecke nach unten auf die Arbeitsfläche legen. Mittig etwa 3 EL der Füllung platzieren und mit Kräutern bestreuen. Die Teigkanten vorsichtig anfeuchten, dann die untere Teigecke nach oben über die Füllung falten. Die seitlichen Ecken ebenfalls in die Mitte falten und den Teig dann ganz aufrollen.
8. Das Öl auf 180 °C erhitzen. Die Rollen portionsweise jeweils etwa 5 Minuten frittieren. Mit einem Schaumlöffel herausheben und auf Küchenpapier abtropfen lassen.
9. Sofort mit der süßen Chilisauce als Dip servieren.

Siehe Foto S. 53

4 Portionen
(24 Stück)

THAI-FALAFEL

Diese Kichererbsenbällchen strotzen nur so vor Gewürzen und Kräutern. Man kann sie in Mayonnaise oder Prik Nam Pla (siehe S. 169) dippen oder auch mit Klebreis und Papayasalat servieren. Übrig gebliebene eingeweichte Kichererbsen kann man einfrieren und bei Bedarf auftauen und pürieren. Das ist praktisch, weil sich die Bällchen dann auch spontan zubereiten lassen.

250 g getrocknete Kichererbsen
3 Stängel Zitronengras, zerquetscht und in Streifen
½ Zwiebel, grob gehackt
6 kleine Thai-Knoblauchzehen oder 2 normale, gehackt
2 EL gehackter Ingwer
½ EL Korianderkörner
2 Kaffir-Limettenblätter, in Streifen
3 EL Fischsoße
3 EL frisch zerzupfter Koriander
3 EL frisch zerzupftes Thai-Basilikum
3 EL Weizen- oder Kichererbsenmehl
½ TL Backpulver
1–2 l Frittieröl

1. Die Kichererbsen etwa 12 Stunden in einer großen Schüssel mit kaltem Wasser einweichen. Ausreichend Wasser einfüllen, da die Kichererbsen beim Aufquellen viel Wasser aufsaugen.
2. Zitronengras, Zwiebel, Knoblauch, Ingwer, Korianderkörner und Limettenblätter zu einer Paste pürieren oder mörsern.
3. Die Paste mit Kichererbsen, Fischsoße und Kräutern im Mixer zu einer körnigen Masse verarbeiten. Nicht zu fein mixen, es sollten noch kleine Kichererbsenstücke zu sehen sein, denn so erhält der Teig die richtige Konsistenz und zerfällt beim Frittieren nicht.
4. Mit Mehl und Backpulver mischen.
5. Den Teig zu kleinen Kugeln formen und dabei mit den Fingern gut zusammendrücken, damit sie beim Frittieren zusammenhalten.
6. Das Öl auf 180 °C erhitzen.
7. Die Falafel in mehreren Portionen jeweils etwa 5 Minuten frittieren, bis sie goldbraun und gar sind.
8. Mit einem Schaumlöffel herausheben und auf Küchenpapier abtropfen lassen.

Siehe Foto S. 66

Auch alle anderen getrockneten Hülsenfrüchte kann man zu knusprigen Bällchen verarbeiten: Cannellinibohnen, Linsen, Borlottibohnen, schwarze Bohnen …

3

Salate

Die Salate in Thailand sind weit mehr als nur grüne Blätter mit rohem Gemüse. Die meisten thailändischen Salate enthalten sogar kein einziges Salatblatt. Ein Paradebeispiel ist Laab, ein Salat, der fast ausschließlich aus Schweinefleisch oder Fisch besteht. Das mag erst einmal nicht so ansprechend klingen, ist aber mit das Beste, was ich je gegessen habe. Zu Salaten macht diese Gerichte, dass sie lauwarm oder kalt, mit vielen Kräutern und mit einem leckeren Dressing aus Fischsoße, Palmzucker und Chili serviert werden.

Thai-Salate sind teilweise also sehr reichhaltig und werden mit Reis oder Nudeln gegessen. Sie können aber auch nur aus zarten, jungen Kräutern oder einem im Mörser zerstoßenen Mus bestehen. Es eröffnen sich also ganz neue Möglichkeiten, und wenn man die Salate mit aromatischen Kräutern, Limette, salzigen kleinen Garnelen, säuerlicher Tamarinde und scharfer Chili erst einmal probiert hat, entwickelt man eine regelrechte Sucht danach.

4 Portionen

SOM TUM – GRÜNER PAPAYASALAT

Dieser Salat hat einfach alles. Er ist knackig, salzig, süß, säuerlich, schmeckt nach Umami und verführt mit Erdnüssen und hocharomatischen getrockneten Garnelen. Manche behaupten allerdings, dies sei lediglich die Touristenversion, weil der Papayasalat im Original mit der dickflüssigen Fischsoße Pla Ra angemacht wird.

1 EL gehackte getrocknete Garnelen
½ grüne Papaya (ca. 300 g)
3 EL frisch gepresster Limettensaft
4 EL Fischsoße
3 EL Palmzucker oder brauner Zucker
3 kleine Thai-Knoblauchzehen oder 1 normale
1–4 frische kleine rote Thai-Chilischoten, in Ringen
2 Spargelbohnen oder 10 grüne Bohnen, in 5 cm langen Stücken
6 Kirschtomaten, halbiert
Fischsoße und Limettensaft zum Abschmecken
30 g geröstete Erdnusskerne

1. Die Garnelen etwa 15 Minuten in lauwarmem Wasser einweichen.
2. Die Papaya schälen und entkernen. Mit einem Gemüsehobel oder einem Julienneschäler in feine Streifen schneiden.
3. Für das Dressing Limettensaft, Fischsoße und Zucker verrühren, bis der Zucker aufgelöst ist.
4. Garnelen abgießen und mit dem Knoblauch in einem großen Mörser fein mörsern oder von Hand (Handschuhe tragen) in einer Schüssel zerdrücken. Dann Chilis in der gewünschten Menge zufügen – je stärker die Chilis zerdrückt werden, desto schärfer wird der Salat.
5. Die Bohnen zufügen und weitermörsern, bis sie leicht zerquetscht und weich sind.
6. Die Papaya zufügen, ebenfalls leicht anquetschen und den Salat dabei immer wieder mit einem Löffel umrühren.
7. Tomaten und Dressing zugeben, unterrühren und zerdrücken. Mit Fischsoße und Limettensaft abschmecken und nach Belieben Erdnüsse untermengen. Sofort servieren.

Siehe Foto S. 147

KEINE PAPAYAS UND SPARGELBOHNEN ERHÄLTLICH?
Ich variiere den Salat je nach dem, was ich im Kühlschrank finde. Meist sind es Möhren und irgendeine Art von Kohl, die beide ein guter Papaya-Ersatz und zudem noch regional sind. Die Spargelbohnen ersetze ich durch grüne Bohnen oder andere Bohnen der Saison.

KRÄUTERSALAT MIT FRITTIERTEM EI

4 Portionen

Frittierte Eier schmecken umwerfend! Man muss sie sich wie pochierte Eier mit einer leicht knusprigen Oberfläche vorstellen. Für eine vegetarische Variante lässt man die Garnelen einfach weg, aber ich finde, sie tragen maßgeblich zum Geschmack bei.

- 2 Möhren
- 150 g Daikon (Winterrettich)
- 2 EL neutrales Rapsöl
- 2 kleine Schalotten, fein gehackt
- 1 Stängel Zitronengras, leicht zerquetscht und in Streifen
- 1 EL kleine getrocknete Garnelen (optional)
- 3 Kaffir-Limettenblätter
- Saft von 2 Limetten
- 2 ½ EL Fischsoße
- 2 EL Wasser
- 2 TL Palmzucker
- 3 kleine Thai-Knoblauchzehen oder 1 normale
- 1 ½ EL fein gehackter Ingwer
- 1 frische rote Thai-Chilischote
- 1–2 l Frittieröl
- 4–8 Eier
- 2 Frühlingszwiebeln, in feinen Streifen
- 50 g frische Thai-Kräuter, z. B. Thai-Basilikum, Dill, Koriander und Minze, zerzupft
- 30 g Erdnusskerne, fein gehackt
- 35 g Sesamsaat, möglichst schwarz und weiß, geröstet und gemörsert

1. Möhren und Daikon mit einem Gemüsehobel oder einem Julienneschäler in feine Streifen schneiden und in eine Schüssel mit eiskaltem Wasser geben.
2. Das Rapsöl in einer Pfanne erhitzen und Schalotten, Zitronengras und nach Belieben Garnelen darin anbraten.
3. Limettenblätter, Limettensaft, Fischsoße, Wasser, Palmzucker, Knoblauch, Ingwer und Chili in eine Schüssel geben und mit dem Stabmixer zu einem Dressing pürieren.
4. Das Frittieröl auf 180 °C erhitzen.
5. Die Eier einzeln zunächst in eine Tasse aufschlagen und dann sofort ins Öl gleiten lassen.
6. Die Eier etwa 1 Minute frittieren, dabei mit einer Schaumkelle wenden, bis sie rundum Farbe angenommen und knusprig geworden sind. Herausheben und auf Küchenpapier abtropfen lassen.
7. Möhren und Daikon abgießen, abtropfen lassen und mit den Frühlingszwiebeln unter das Dressing rühren. Dann die Kräuter unterheben.
8. Salat und Eier auf einer Platte anrichten und mit Erdnüssen und Sesam garnieren. Sofort servieren – entweder solo oder mit Reis oder Nudeln.

Gurkensalat mit geröstetem Reis, *siehe S. 64*

Frittiertes Reispapier (siehe S. 63 unten) mit Prik Nam Pla, *siehe S. 169*

REISSALAT MIT WURSTBRÄT

4 Portionen

Grobe Bratwürste aus Schweinefleisch kennt man vor allem in der nordthailändischen Küche. Es gibt diverse Arten von Würsten und alle strotzen nur so vor Umami. Ein guter Ersatz ist eine frische Salsiccia (ohne Fenchel), die ich mit Kaffir-Limettenblättern, Zitronengras und getrockneten Garnelen würze.

4 kleine Schalotten, in Spalten
Saft von 1 Limette
2 TL Palmzucker oder brauner Zucker
300 g frische grobe Bratwurst, z.B. Salsiccia
4 Kaffir-Limettenblätter, in Streifen
1 Stängel Zitronengras, leicht zerquetscht und in feinen Streifen
3 kleine Thai-Knoblauchzehen oder 1 normale, gehackt
2 EL getrocknete Garnelen, zu Bröseln gemixt
2–4 frische kleine rote Thai-Chilischoten, fein gehackt
60 g geröstete Erdnüsse, gehackt
50 g frische Thai-Kräuter, z.B. Thai-Basilikum, Koriander, zerzupft
250 g frittierter Reis (siehe S. 166)

1. Schalotten, Saft von ½ Limette und Zucker in einer Schüssel verrühren und mindestens 10 Minuten ziehen lassen.
2. Die Wursthaut aufschlitzen und das Wurstbrät herauslösen. Das Brät in einer Pfanne knusprig braten.
3. Limettenblätter, Zitronengras und Knoblauch zufügen und einige Minuten weiterbraten.
4. Das Fleisch leicht abkühlen lassen, dann mit Schalottenmischung, Garnelen, Chilis, Erdnüssen, Kräutern und frittiertem Reis vermengen. Mit dem restlichen Limettensaft beträufeln.
5. Zusammen mit anderen Salaten und Jasmin- oder Klebreis (siehe S. 134) servieren.

FRITTIERTES REISPAPIER:
Getrocknetes Reispapier in Stücke brechen und in mehreren Portionen in 180 °C heißem Öl frittieren, bis es aufpoppt und sich in luftige Chips verwandelt. In Dips nach Wahl tunken, z.B. Prik Nam Pla mit gehackten Kräutern (siehe S. 169).

4 Portionen

GURKENSALAT MIT GERÖSTETEM REIS

Mit einem knackigen Gurkensalat kann man eigentlich nicht viel falsch machen, insbesondere wenn er wie dieser hier mit einem salzig-scharfen Dressing verfeinert wird. Passt zu fast allem.

1 Salatgurke
2 EL Fischsoße
1 EL Tamarindenpaste
2 EL frisch gepresster Limettensaft
2 TL Palmzucker
½ TL geröstetes Chilipulver (Prik Bon)
2 kleine Schalotten, in Spalten
½ EL fein gehackter Ingwer
1 EL geröstetes Reispulver (siehe S. 166) oder Fertigprodukt
3 EL frisch zerzupfte Kräuter, z. B. Thai-Basilikum

1. Die Gurke grob in Stücke schneiden.
2. Für das Dressing Fischsoße, Tamarindenpaste, Limettensaft, Zucker und Chili verrühren.
3. Gurke, Schalotten, Ingwer, Reispulver, Kräuter und Dressing vermengen. Mit gegrilltem Fleisch oder Fisch, Curry, Klebreis oder mit einem anderen Salat servieren.

Siehe Foto S. 62

4 Portionen

KRABBEN-POMELO-SALAT

Pomelos sind fleischige, aromatische, saftig-knackige Zitrusfrüchte, die besonders in der gelben Variante wahnsinnig lecker schmecken (tausendmal besser als die roten). Das Filetieren macht zwar etwas Arbeit, lohnt sich aber auf jeden Fall.

2 gegarte Königskrabbenbeine (350 g)
2–4 frische kleine grüne Thai-Chilischoten, in Ringen
2 kleine Schalotten, fein gehackt
2 EL Tamarindenpaste
2 EL Fischsoße
Saft von 1 Limette
1 Pomelo, filetiert und in Stücken
25 g frische Thai-Kräuter, z. B. Thai-Basilikum, Koriander und Minze, zerzupft

1. Den Panzer der Krabben aufbrechen und das Fleisch herauslösen.
2. Chilis, Schalotten, Tamarindenpaste, Fischsoße und Limettensaft in einer Schüssel verrühren und Krabbenfleisch und Pomelo darin wenden.
3. Die Kräuter unterheben und mit gekochtem Jasminreis oder Klebreis (siehe S. 134) servieren.

Lardo-Bratreis, *siehe S. 142*

Rotes Tofu-Curry, *siehe S. 113*

Thai-Falafel, *siehe S. 55*

Fisch, der zu diesen Gerichten passt: Kabeljau, Flussbarsch, Rotbarsch

Grüner Mangosalat mit Pomelo und Kokosdressing, *siehe S. 68*

Frittierter Fisch mit Kräutern, *siehe S. 151*

GRÜNER MANGOSALAT MIT POMELO UND KOKOSDRESSING

4 Portionen

Die unreife grüne Mango passt mit ihrem säuerlichen Geschmack und der knackigen Konsistenz perfekt in Salate oder eine Vorspeise mit rohem Fisch à la Ceviche. Leider war meine Suche nach einem perfekten Ersatz nicht von Erfolg gekrönt – ein Versuch mit säuerlichem Apfel erinnerte zu sehr an einen Rohkostsalat. Es führt also kein Weg daran vorbei, sich eine grüne Mango zu besorgen.

200 g Kokoscreme
1 EL Palmzucker
2 EL Fischsoße
Saft von ½–1 Limette
1 grüne Mango, in Streifen
1 Möhre, in Streifen
1 Speiserübe, z. B. Mairübe oder Teltower Rübchen, in Streifen
½ Pomelo, filetiert und in Stücken
2–6 frische grüne Thai-Chilischoten, in Ringen
1 Bund Koriander, die Blätter abgezupft

1. Kokoscreme, Palmzucker, Fischsoße und Limettensaft verquirlen, bis der Zucker aufgelöst ist.
2. Mango, Möhre, Rübe und Pomelo mit der Hälfte des Kokosdressings verrühren, dann Chilis und Koriander unterheben. Mit mehr Dressing beträufeln und das restliche Dressing zum Salat servieren.

Siehe Foto S. 67

SALAT MIT RIND

4 Portionen

Das Fleisch für diesen Salat schmeckt vom Holzkohlegrill am besten, doch mit einer extrem heißen Grill- oder Gusseisenpfanne erzielt man ebenfalls gute Ergebnisse.

4 EL Fischsoße
2 EL Palmzucker
500 g Rinder-Flanksteak
1 EL fein geriebener Ingwer
2–4 frische kleine rote Thai-Chilischoten, in dünnen Ringen
3 kleine Thai-Knoblauchzehen oder 1 normale, fein gehackt
2 EL frisch gepresster Limettensaft
1 EL Öl
1 EL Butter
½ Salatgurke, in Stücken
30 g geröstete Erdnusskerne
2 kleine Schalotten, in Scheiben
40 g frische Thai-Kräuter, z. B. Minze, Thai-Basilikum und Koriander, zerzupft

1. 2 EL Fischsoße und 1 EL Zucker verrühren und das Fleisch darin mindestens 1 Stunde bei Zimmertemperatur, besser aber noch über Nacht (dann im Kühlschrank) marinieren.
2. Für das Dressing 2 EL Fischsoße, 1 EL Zucker, Ingwer, Chilis, Knoblauch und Limettensaft verrühren.
3. Das Fleisch aus der Marinade heben und leicht abtupfen. Etwa 5 Minuten in Öl und Butter in einer sehr heißen Pfanne oder auf dem Grill rundum grillen. 10 Minuten ruhen lassen, dann in dünne Scheiben schneiden.
4. Das Fleisch im Dressing wenden, dann Gurke, Erdnüsse, Schalotten und Kräuter unterheben.
5. Sofort mit Klebreis (siehe S. 134) oder zusammen mit weiteren Salaten, Currys und Reis servieren.

Siehe Foto S. 121

GLASNUDELSALAT MIT HÜHNERFLEISCH

4 Portionen

Wenn ich manchmal anstelle von einzelnen Hähnchenteilen ein ganzes Hähnchen kaufe, bleiben bei mir häufig die Brustfilets übrig, weil die Schenkelfilets weitaus vielseitiger verwendbar sind. Meistens ist es dann so, dass ich die Brustfilets koche, in kleine Stücke reiße und in ein leckeres Eintopfgericht gebe oder wie hier in einem köstlichen Dressing wende. Bei diesem Salat mit eher zurückhaltender Schärfe kann man die Chilis übrigens auch ganz weglassen, was ihn dann gut geeignet für Kinder macht. Die meisten Kinder lieben Glasnudeln und auch das Kokosdressing kommt sehr gut an.

3 kleine Schalotten, in Spalten
Salz
2 Hähnchenbrustfilets
100 g Glasnudeln
250 g Kokoscreme
2 ½ EL Fischsoße
2 TL Palmzucker oder brauner Zucker
25 g frische Kräuter, z. B. Dill, Thai-Basilikum, Brunnenkresse und Koriander, zerzupft
2–4 frische grüne Thai-Chilischoten, in Ringen
30 g geröstete Erdnüsse, gehackt
Saft von 1 Limette

1. Die Schalotten in einem Topf mit gesalzenem Wasser zum Kochen bringen.
2. Die Hähnchenbrustfilets darin 20 Minuten köcheln, bis sie gar sind.
3. Abkühlen lassen, dann in mundgerechte Stücke reißen.
4. Die Nudeln gemäß Packungsanleitung garen, kalt abschrecken und abtropfen lassen.
5. Für das Dressing Kokoscreme, Fischsoße und Zucker verrühren.
6. Nudeln, Hühnerfleisch, Dressing, Kräuter, Chilis und Erdnüsse auf einer Platte übereinanderschichten.
7. Mit Limettensaft und eventuellen Dressingresten beträufeln.

AUCH KÖSTLICH MIT:
1. Garnelen
2. Seidentofu
3. Rohen Lachs- oder Zanderscheiben

4 Portionen

TUM KANOON – JACKFRUCHTSALAT MIT SCHWEINEHACK

Geschmacklich erinnert die Jackfrucht sehr an künstlich schmeckende Süßigkeiten und ist deshalb nicht gerade meine Lieblingsfrucht. Unreif aber hat sie nur wenig Aroma und glänzt in zerstoßenem Zustand mit ihrer fleischigen Konsistenz und der Fähigkeit, Gewürze aufzusaugen. Eine frische Jackfrucht ist in unseren Supermärkten zwar noch ein seltener Anblick, als Konserve ist sie aber leicht zu finden.

Dieser Salat wird mit Kräutern und Schweinekrusten (gibt es auch im Asia-Shop) serviert. Yummy!

- 2–4 kleine getrocknete Thai-Chilischoten
- 1 EL fein gehackter Ingwer
- 6 kleine Thai-Knoblauchzehen oder 2 normale
- 2 Stängel Zitronengras, leicht zerquetscht und in Streifen
- 1 EL getrocknete kleine Garnelen
- 280 g unreife Jackfrucht (Dose)
- 50 g Bacon, in Scheiben
- 100 g Schweinehackfleisch
- 3 kleine Schalotten, fein gehackt
- 6 Kaffir-Limettenblätter, in feinen Streifen
- 2 EL Fischsoße

Zum Servieren

- 2 Frühlingszwiebeln, in feinen Streifen
- 50 g frischer Koriander (Blätter und Stiele), gehackt
- 100 g Schweinekrusten, siehe S. 168
- 1 Limette, in Spalten

1. Chilis, Ingwer, Knoblauch, Zitronengras und Garnelen zu einer Paste zermörsern.
2. Die Jackfrucht abspülen, gut abtropfen lassen und mit einem sauberen Geschirrtuch leicht trocken tupfen.
3. Die Jackfrucht im Mörser mit Löffel und Stößel zu einem groben Mus verarbeiten.
4. Den Bacon in einem Wok oder einer Pfanne knusprig braten. Das Hackfleisch zufügen und braten, bis es gar ist – nicht anbräunen.
5. Das Jackfruchtmus und die Currypaste zufügen und bei hoher Hitze etwa 5 Minuten braten. Schalotten, Limettenblätter und Fischsoße unterrühren.
6. Auf Zimmertemperatur abkühlen lassen und zum Servieren mit Frühlingszwiebeln, Koriander und Schweinekrusten bestreuen. Mit Limettenspalten und Jasmin- oder Klebreis (siehe S. 134) servieren.

Siehe Foto S. 75

VEGGIE-VARIANTE

Für eine vegetarische Version kann man Fleisch und Garnelen durch fermentierte Sojabohnenpaste und gehackte Bohnen ersetzen. Als Ersatz für die Schweinekrusten eignet sich frittiertes Reispapier (siehe S. 63).

DER BESTE SALAT DER WELT!
LAAB, LARB, LAAP – THAILÄNDISCHER HACKFLEISCHSALAT

Unterschiedliche Schreibweisen, aber gleicher Inhalt: Der thailändische Fleischsalat Laab ist für mich eines der leckersten Gerichte der Welt.

Das Gericht stammt aus dem Norden Thailands, genauer gesagt aus der Region Isan, und kommt in diversen Varianten auf den Teller. Der Klassiker ist leicht gebratenes Hackfleisch mit Bergen von Kräutern. Mein Favorit ist jedoch eine Variante, in der Schweine- oder Hühnerfleisch zusammen mit Blut fein gehackt und dann mit Gewürzen, die an das chinesische Fünf-Gewürze-Pulver erinnern, gebraten wird. Die wohl gewöhnungsbedürftigste Laab-Version ist diejenige mit Gallensaft, der dem Gericht eine bittere, sehr komplexe Note verleiht. Mir wurde sie als rohes Laab serviert, doch ich weiß, dass es auch eine gebratene Variante mit Gallensaft gibt.

Laab bedeutet auf Thailändisch nichts anderes als „fein gehackt". Die Basis des Salats ist Fleisch, das oft von Hand mit einem riesigen Messer gehackt wird. Einfacher wird es natürlich, wenn man fertiges Schweine-, Rinder-, Lamm- oder Hähnchenhackfleisch kauft, doch es lohnt sich, sich für das Selberhacken ein wenig Zeit zu nehmen. Ich bereite auch gerne Varianten mit fein gehacktem Fisch, zerbröseltem Tofu oder festem Rührei zu, die auch für Fleischverächter geeignet sind.

Um einen Ausgleich zum fleischlastigen Salat zu schaffen, wird Laab fast immer mit Klebreis und Phak Kap Laap, also einer Platte mit Kräutern, Bohnen, Thaiauberginen und anderem Gemüse, serviert.

Häufig wird Laab auch mit geröstetem Reispulver vermischt, welches ihm einen ganz tollen Geschmack verleiht. Ich vergleiche die Funktion des Reispulvers dabei immer mit der leckeren, goldbraunen Kruste eines Brots: ohne Kruste kein gutes Brot. Hergestellt wird das Pulver, indem man ungekochten Klebreis röstet und dann fein mörsert. Ich habe übrigens auch einen erfolgreichen Test mit Jasminreis gemacht, weil ich gerade keinen Klebreis zur Hand hatte. Das Pulver ist allerdings nicht so stärkehaltig und verleiht dem Dressing deshalb weniger Bindung – geschmacklich ist es aber großartig. In Asia-Läden ist Reispulver auch als Fertigprodukt erhältlich.

LAAB-FLEISCHBÄLLCHEN

Wenn einem nicht der Sinn nach einem Laab-Salat steht, kann man aus der Hackfleischmasse auch Fleischbällchen formen und diese in Öl knusprig frittieren. Schmeckt wundervoll, das müssen Sie unbedingt ausprobieren!

Laab, *siehe S. 76*

Rohes Laab, *siehe S. 76*

Jackfruchtsalat mit Schweinehack, *siehe S. 72*

Klebreis, *siehe S. 134*

LAAB

4 Portionen

500 g Schweinehackfleisch oder gehackter Schweinenacken
2 EL neutrales Rapsöl
4 EL Fischsoße
2 TL Palmzucker oder brauner Zucker
2–4 TL Chilipulver
2–5 getrocknete Thai-Chilischoten
Saft von 1 Limette
1 EL geröstetes Reispulver (siehe S. 166) oder Fertigprodukt
2 Kaffir-Limettenblätter, in feinen Streifen
4 Thai-Schalotten oder 2 normale, fein gehackt
25–40 g frische Thai-Kräuter, z. B. Thai-Basilikum, Minze und Koriander, zerzupft
Fischsoße und Palmzucker zum Abschmecken

1. Eine Pfanne auf mittlerer Stufe vorheizen, Hackfleisch und 2 EL Wasser hineingeben. Das Fleisch zerteilen und braten, bis es gar, aber nicht angebräunt ist.
2. Vom Herd nehmen und Öl, Fischsoße, Zucker, Chilipulver, getrocknete Chilis, Limettensaft und Reispulver zufügen. Gut vermengen, bis die Flüssigkeit vom Reispulver gebunden wird.
3. Limettenblätter, Schalotten und Kräuter unterheben, mit Fischsoße und Zucker abschmecken.
4. Ich finde, dass Klebreis zu diesem Gericht ein Muss ist, aber man kann den Salat auch mit Jasminreis servieren oder Glas- oder Reisnudeln unterheben. Grüner Papayasalat schmeckt dazu ebenfalls köstlich.

Siehe Fotos S. 74 und 77

ROHES LAAB

4 Portionen

Eigentlich enthält das Rezept noch Gallensaft, darauf habe ich hier aber verzichtet.

400 g Rindfleisch (Steak, Oberschale, Filet) oder Fisch (Thunfisch, Zander, Lachs)
2 EL Fischsoße
1 EL Palmzucker
Saft von ½ Limette
2–4 frische kleine grüne Thai-Chilischoten, in dünnen Ringen
2 kleine Schalotten, fein gehackt
½ EL Reispulver
25 g frische Thai-Kräuter, z. B. Thai-Basilikum, Koriander und Minze, zerzupft
1 EL getrocknete kleine Garnelen, püriert oder gehackt

1. Fleisch oder Fisch fein hacken.
2. Für das Dressing Fischsoße, Palmzucker und Limettensaft verrühren.
3. Fleisch oder Fisch, Chilis, Schalotten und Reispulver im Dressing wenden.
4. Die Kräuter unterheben und mit Garnelen bestreuen.

Siehe Foto S. 74

Geröstetes Reispulver, *siehe S. 166*

BLUT-LAAB

4 Portionen

Die Laab-Version mit Blut bereitet man eigentlich nur in den nordthailändischen Provinzen Phrae und Chiang Mai zu. Sie enthält Schweineblut und etwas Leber und unterscheidet sich dadurch stark vom Laab-Klassiker mit Hackfleisch. Für das Blut-Laab wird das Fleisch gehackt und dabei nach und nach mit dem Blut angereichert. Manche behaupten, es wäre notwendig, ganze 40 Minuten bis zu einer Stunde zu hacken, damit das Blut langsam mit dem Fleisch verschmilzt und das Hackfleisch nicht spröde wird, wenn das Blut beim Braten gerinnt.

Angeblich entstand das Gericht in einer Zeit, als Schweinefleisch sehr teuer war. Kurzerhand mischte man gehacktes Hühnerfleisch mit Schweineblut und verlieh ihm so einen Schweinefleischgeschmack.

Heute begegnet einem das Gericht sowohl mit Hühner- als auch mit Schweinefleisch. Meist sind auch Leber, Kuhzunge und andere Innereien enthalten. Nach dem Hacken und Würzen kann dann niemand mehr erkennen, was es eigentlich enthält.

Schweineblut können Sie beim Schlachter oder im Internet kaufen.

- 400 g Schweinenacken oder Hähnchenbrustfilet
- 50 g Schweineleber (optional)
- 100 ml Schweine- oder Rinderblut
- 2 EL neutrales Rapsöl
- 6 kleine Thai-Knoblauchzehen oder 2 normale, fein gehackt
- 1 ½ TL Hang-Lay-Pulver
- 1–2 TL geröstetes Chilipulver (Prik Bon)
- ½ TL gemörserter grüner Sichuanpfeffer
- 2 EL Palmzucker oder brauner Zucker
- 4 kleine Schalotten, fein gehackt
- 4 getrocknete Thai-Chilischoten
- 2 EL Tamarindenpaste
- 3 EL Fischsoße
- 2 EL frisch gepresster Limettensaft
- 1 ½ EL Reispulver
- 25–40 g frische Thai-Kräuter, z. B. Koriander, Thai-Basilikum und Minze, zerzupft

1. Das Fleisch klein hacken. Nach Belieben die Leber zufügen und zusammen mit dem Fleisch fein hacken. Dann nach und nach das Blut zugießen und durch Hacken und Wenden in der Fleischmasse verteilen.
2. Das Öl in einem Wok oder einer Pfanne erhitzen und das Fleisch darin braten, ohne dass es zu viel Farbe annimmt. Knoblauch, Gewürze und Zucker zufügen und 3 Minuten weiterbraten.
3. Schalotten, Chilis, Tamarindenpaste, Fischsoße, Limettensaft und Reispulver zufügen und alles gründlich verrühren.
4. Die Kräuter unterheben und sofort servieren.

4

Suppen & Currys

Weil die meisten bekannten Thai-Currys auf Kokosmilch, Zitronengras und Limettenblättern basieren, ist man versucht zu glauben, dass die Bandbreite unterschiedlicher Currys begrenzt ist. Das ist aber nicht der Fall. Es gibt im Gegenteil viele verschiedene Varianten – mit und ohne Kokosmilch. Als Thailand-Tourist haben Sie sicherlich rotes Curry, Panang-Curry, grünes Curry und Massaman-Curry kennengelernt, die allesamt fantastisch schmecken. Doch auch im Norden des Landes gibt es Spannendes zu entdecken, denn dort werden andere Gewürze verwendet, die zum Beispiel an indisches Masala, chinesisches Fünf-Gewürze-Pulver und die Schärfe von Sichuanpfeffer erinnern. In vielen thailändischen Currys dreht sich alles um das Gleichgewicht zwischen süß und salzig. Und während im Süden eher Kokosmilch-Currys auf den Tisch kommen, arbeitet man im Norden stärker mit Kontrasten zwischen süß, salzig und bitter und nutzt dazu Zutaten wie Tamarinde, Limette, Aubergine und Kräuter.

MASSAMAN-CURRY

6 Portionen

Wie man an Gewürzen wie Kardamom, Kreuzkümmel, Sternanis und Zimt unschwer erkennen kann, ist das Massaman-Curry stark von der indischen und malaysischen Küche beeinflusst. Es unterscheidet sich klar vom allseits bekannten und beliebten roten Curry und dem Panang-Curry und schmeckt eher wie ein indisches gelbes Curry. Ein Massaman-Curry ist deshalb eine willkommene Abwechslung, wenn ich die kokosmilchlastigen Gerichte etwas leid geworden bin! Kartoffeln, die die leckeren Gewürze in der Soße gierig aufsaugen, sind in diesem Curry immer mit von der Partie. Weil sie am nächsten Tag, wenn sie richtig durchgezogen sind, ganz besonders lecker sind, picke ich mir die kalten Kartoffeln gerne direkt aus dem Topf heraus und lasse sie mir schmecken. Bei diesem Rezept bleibt fast immer etwas Würzpaste übrig, die man allerdings bis zu zwei Wochen im Kühlschrank lagern oder einfrieren kann. Die Paste lässt sich zudem gut für andere Gerichte einsetzen – ich verwende sie zum Beispiel für trockenes Curry oder auch Suppen.

2 EL neutrales Rapsöl
800 g Hohe Rippe, gewürfelt (4 cm Seitenlänge)
180–240 g Massaman-Currypaste (siehe S. 171)
2 Zwiebeln, in Spalten
3 EL Fischsoße
2 EL Palmzucker oder brauner Zucker
800 g Kokoscreme
2 EL Tamarindenpaste (optional)
6 Kartoffeln, geschält und in großen Stücken
200 ml Wasser (optional)
Salz
50 g gehackte geröstete Erdnusskerne
Thai-Basilikum zum Servieren

1. Den Backofen auf 150 °C vorheizen.
2. Das Öl in einem ofenfesten Topf auf mittlerer Stufe erhitzen und das Fleisch darin rundum anbräunen. Die Currypaste zufügen und braten, bis sie zu duften beginnt.
3. Zwiebeln, Fischsoße, Zucker, Kokoscreme und nach Belieben Tamarindenpaste zugeben. Abgedeckt etwa 2,5 Stunden im Ofen schmoren.
4. Die Kartoffeln zufügen und die Soße bei Bedarf mit etwas Wasser verdünnen. 1 weitere Stunde abgedeckt im Ofen schmoren, bis die Kartoffeln weich sind. Nach Belieben gegen Ende der Garzeit den Deckel abnehmen, damit das Curry schön sämig einköcheln kann. Mit Salz abschmecken und mit gehackten Erdnüssen und Thai-Basilikum bestreuen.
5. Mit Reis und eventuell einem Gurkensalat mit geröstetem Reis (siehe S. 64) servieren.

KAENG SOM – DORSCH-CURRY

4 Portionen

Hier ein Currygericht ohne Kokosmilch, das mit der herrlichen Säure der Tamarinde perfekt zu Fisch und Meeresfrüchten passt. Kaeng Som wird in ganz Thailand sowohl als Currygericht als auch als Suppe serviert, unterscheidet sich regional jedoch in Bezug auf Optik und Geschmack. Gemeinsam haben alle nur ihren sauren Touch.

1 Stängel Zitronengras, leicht zerquetscht und in Stücken
2 EL gehackter Ingwer
3 Schalotten, in Spalten
4 kleine Thai-Knoblauchzehen oder 1 normale
1 EL getrocknete Garnelen
2–8 getrocknete Thai-Chilischoten
2 EL Speiseöl
400 ml Wasser
50 ml Fischsoße
1 EL Palmzucker
4–6 EL Tamarindenpaste
Fischsoße, Tamarindenpaste und Limettensaft zum Abschmecken
5 Kaffir-Limettenblätter
600 g Rückenfilet vom Kabeljau oder anderem festen Weißfisch, in 4 Stücken
½–1 Limette, in Spalten

1. Zitronengras, Ingwer, Schalotten, Knoblauch, Garnelen und Chilis (Menge nach Wunsch) in einer Küchenmaschine oder einem Mörser zu einer feinen Paste verarbeiten.
2. Das Öl in einem Topf, Wok oder einer Schmorpfanne erhitzen und die Paste darin etwa 3 Minuten braten, bis sie etwas weich geworden ist.
3. Wasser, Fischsoße und Palmzucker zufügen und das Ganze um die Hälfte reduzieren lassen.
4. Die Tamarindenpaste unterrühren, dann mit Fischsoße, Tamarindenpaste und/oder Limettensaft abschmecken. Die Soße sollte recht säuerlich sein.
5. Die Limettenblätter unterrühren.
6. Die Fischstücke hineingeben und abgedeckt etwa 5 Minuten gar ziehen lassen. Der Fisch sollte gar (die einzelnen Lamellen sollten also locker auseinanderfallen), innen aber noch glänzend und saftig sein.
7. Mit Limettenspalten und frisch gekochtem Jasminreis servieren.

PANANG-CURRY

4 Portionen

Panang ist ein superleckeres Currygericht auf Kokosmilchbasis mit jeder Menge Erdnussbutter und dadurch noch etwas reichhaltiger als ein gewöhnliches rotes Curry.

Besonders gern mag ich Panang mit einem vollmundigen Fleischgeschmack. Meist verwende ich Kalbshaxe oder Hohe Rippe und koche noch Markknochen mit, die viel Aroma abgeben. Zudem macht die im Fleisch enthaltene Gelatine die Soße cremiger und einfach noch einen Tick besser. Bei einer vegetarischen Variante mit Gemüse oder Tofu ist es ratsam, zum Anbraten der Currypaste etwas mehr Öl zu verwenden und nach Belieben auch noch etwas fermentierte Sojabohnenpaste oder Miso zuzufügen, um den Geschmack abzurunden.

4 EL neutrales Rapsöl
6 Beinscheiben vom Kalb oder 700 g Hohe Rippe + 2 Markknochen
3–6 EL rote Currypaste
1 EL Korianderkörner
1 TL Kreuzkümmelsamen
1 ½ EL Palmzucker
230 g Bambussprossen in Streifen (Dose)
6 Kaffir-Limettenblätter, in Streifen
3 EL Fischsoße
120 g grobe Erdnussbutter
800 g Kokoscreme
300 ml Wasser
Fischsoße und Palmzucker zum Abschmecken
50 g gehackte geröstete Erdnusskerne
Thai-Basilikum zum Servieren

1. 2 EL Öl in einer Pfanne hoch erhitzen und Fleisch und Markknochen darin anbräunen.
2. Restliches Öl in einem Topf erhitzen und die Currypaste darin anbraten. Fleisch, Markknochen, Korianderkörner, Kreuzkümmelsamen und Palmzucker zufügen. Rühren, bis das Fleisch gut von den Gewürzen bedeckt ist.
3. Bambussprossen, Limettenblätter, Fischsoße, Erdnussbutter, Kokoscreme und Wasser zufügen.
4. Abgedeckt etwa 1,5 Stunden köcheln lassen, dann den Deckel abnehmen und 1 weitere Stunde garen.
5. Abschmecken und bei Bedarf mehr Fischsoße und Palmzucker zufügen.
6. Mit Erdnüssen und Thai-Basilikum bestreuen und mit Reis oder Roti servieren.

Bitteres Gemüsecurry, *siehe S. 90*

Roti, *siehe S. 88*

ROTI

10 Stück

Das Pfannenbrot Roti gibt es in diversen Varianten. Manchmal wird es als dünn ausgerollter Fladen in der Pfanne gebacken, manchmal wird der ausgerollte und gebutterte Teig vor dem Backen auch zu einer Schnecke geformt. Letzteres nennt sich Roti Canai und kann eigentlich zu jeder Mahlzeit serviert werden. Ich esse es morgens gerne zum Rührei oder auch zu einem Currygericht, bei dem es wie ein indisches Naan zum Auftunken der Soße dient. Das Formen ist auch nicht so kompliziert, wie es auf den ersten Blick erscheint. Rollen Sie einfach munter drauflos, dann klappt es schon.

270 g Weizenmehl
1 Ei
250 ml Wasser
2 EL Kondensmilch
2 EL zerlassene Butter
½ TL Salz
100 g zimmerwarme Butter

1. Alle Zutaten bis auf die zimmerwarme Butter zu einem glatten Teig verarbeiten.
2. In Frischhaltefolie wickeln und 30 Minuten bei Zimmertemperatur ruhen lassen. In 10 Stücke teilen und mindestens 2 Stunden im Kühlschrank ruhen lassen, besser noch über Nacht.
3. Die Arbeitsfläche oder eine Marmorplatte mit Butter bestreichen. Eine Holzplatte ist hier leider ungeeignet, da der Teig anhaftet und es schwierig ist, ihn schön dünn auszurollen.
4. Den Teig dünn wie einen Pfannkuchen ausrollen, dabei mehrmals wenden. Darauf achten, dass er überall gut eingebuttert ist.
5. Man kann den Teig jetzt direkt backen oder zu einer Schnecke – Roti Canai – formen.
6. Die erste Version verwendet man für Roti mit Kondensmilch, eine in Thailand beliebte Süßspeise: Eine trockene Pfanne auf mittlerer Stufe vorheizen und das Brot darin beidseitig Farbe annehmen und knusprig werden lassen.
7. Roti Canai wird zu Currygerichten serviert. Hierzu den ausgerollten Teig zu einer Schnecke formen und nochmals ausrollen (s. rechts). Zum leichteren Ausrollen mindestens 30 Minuten kalt stellen.
8. Das Roti in einer heißen Pfanne beidseitig Farbe annehmen lassen. Dabei wird es leicht knusprig und hat wegen der unebenen Oberfläche dunkle Flecken. Direkt servieren! Die fertigen Brote unter einem Geschirrhandtuch oder Frischhaltefolie warm halten, während man die restlichen backt.

Siehe Fotos auf S. 51, 87 und 156

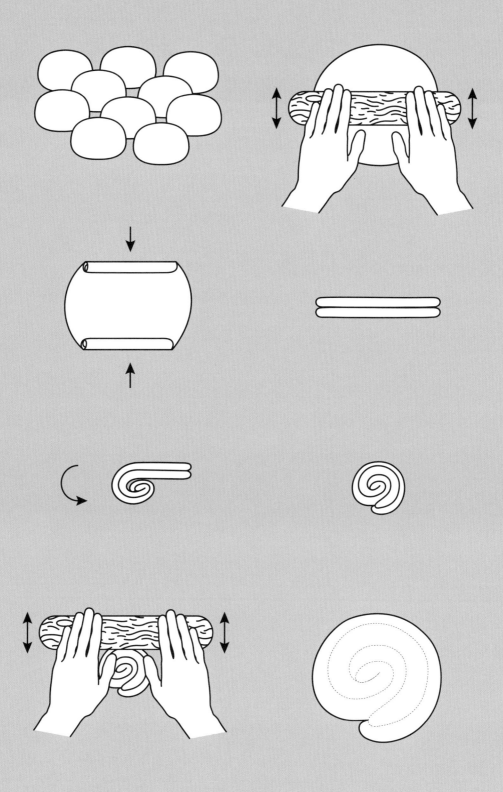

KAENG KHAE – BITTERES GEMÜSECURRY

4 Portionen

Die Verwendung von bitteren Gemüsesorten und Blättern ist in der Thai-Küche weit verbreitet. Die kleinen grünen Thai-Auberginen (auch Pokastrauch-Beeren) werden zum Beispiel zu Würzpasten, Salaten und Currygerichten verarbeitet. In diesem Rezept wird ihre deutlich herbe Note durch die salzige Fischsoße und den süßen Palmzucker ins Gleichgewicht gebracht. Kaeng Khae ist ein bitteres Currygericht, das normalerweise mit Gemüse und Kräutern, manchmal aber auch mit Schweinefleisch, Froschschenkeln, Schnecken oder Hühnerfleisch zubereitet wird. Eigentlich gehören noch bittere Thai-Blätter hinein, doch weil diese bei uns kaum erhältlich sind, habe ich sie kurzerhand durch Rucola ersetzt. Zusammen mit Pfefferblättern, Thai-Auberginen und Austernseitlingen entsteht ein köstliches Gericht, das sich sehr von dem unterscheidet, was wir gemeinhin mit Thailand verbinden. Unbedingt ausprobieren!

- 2–6 getrocknete Thai-Chilischoten
- 2 Stängel Zitronengras, leicht zerquetscht
- 3 Schalotten, fein gehackt
- ½ EL Korianderkörner
- 6 kleine Thai-Knoblauchzehen oder 2 normale, fein gehackt
- 1 EL kleine getrocknete Garnelen
- 2 EL fein gehackter Ingwer
- 3 EL neutrales Rapsöl
- 100 g Austernseitlinge
- 200 g Hähnchenbrustfilet (optional), in Stücken (alternativ die Gemüse- und Pilzmenge erhöhen)
- 100 g kleine grüne Thai-Auberginen (Pokastrauch-Beeren)
- 800 ml Wasser
- 100 g Spargelbohnen, in Stücken (5–8 cm)
- 10 Thailändische Pfefferblätter (Cha Plu)
- 100 g Rucola
- 3 EL Fischsoße
- 2 EL Tamarindenpaste

1. Chili, Zitronengras, Schalotten, Koriander, Knoblauch, Garnelen und Ingwer im Mörser zu einer Paste zerstoßen. Man kann das Ganze auch pürieren, doch dann wird es nicht ganz so fein und gleichmäßig.
2. Das Öl in einem Wok oder Topf erhitzen und die Paste darin anbraten.
3. Die Pilze zufügen und nach Belieben das Hähnchenfleisch. Etwa 5 Minuten bei hoher Hitze leicht anbräunen.
4. Die Auberginen und das Wasser zufügen. 20 Minuten einköcheln lassen. 5 Minuten vor Ende der Garzeit die Spargelbohnen zugeben.
5. Die harten mittleren Blattadern der Pfefferblätter herausschneiden und die Blätter zusammen mit dem Rucola in den Wok geben.
6. Mit Fischsoße und Tamarindenpaste abschmecken und mit frisch gekochtem Jasminreis servieren.

Siehe Foto S. 87

GERÖSTETE KÜRBISSUPPE MIT FRITTIERTEM REIS

4 Portionen

Dieses Rezept ist perfekt, um Reisreste vom Vortag zu verwerten. Natürlich schmeckt es auch ohne den frittierten Reis, er verleiht der cremigen Suppe aber etwas Biss und damit einen tollen zusätzlichen Kick.

Suppe
- ca. 700 g Kürbis, z. B. Butternut-, Hokkaido- oder Thai-Kürbis, geschält und in Stücken
- 2 Zwiebeln, in Spalten
- 4 Knoblauchzehen, geschält
- 3 EL Tamarindenpaste
- 4 Kaffir-Limettenblätter
- 2–4 getrocknete Thai-Chilischoten
- 2 Stängel Zitronengras, leicht zerquetscht und in Streifen
- 400 g Kokoscreme
- 50 ml Fischsoße
- 600 ml kochendes Wasser

Außerdem
- 160 g frittierter Reis (siehe S. 166)
- 35 g frittierte Schalotten (siehe S. 167)
- 1–2 TL geröstete Chilischoten (siehe S. 168)
- 25 g frisch zerzupfte Thai-Kräuter, z. B. Thai-Basilikum und Koriander

1. Den Backofen auf 225 °C vorheizen.
2. Frittierten Reis und frittierte Schalotten gemäß Rezept zubereiten.
3. Alle Zutaten für die Suppe bis auf das Wasser in einer Fettpfanne verteilen.
4. 1 Stunde im Ofen rösten, bis der Kürbis weich und angebräunt ist.
5. In einem Standmixer oder mit dem Stabmixer glatt pürieren. So viel von dem kochenden Wasser unterrühren, bis eine sämige Suppenkonsistenz erreicht ist.
6. Abschmecken und bei Bedarf mehr Fischsoße und Tamarindenpaste zufügen, um die Süße des Kürbisses auszugleichen.
7. Die Suppe mit frittiertem Reis, frittierten Schalotten, gerösteter Chili und Kräutern garnieren.

Thai-Wurst, *siehe S. 125*

Gegrillte Aubergine mit Ei und Röstreis, *siehe S. 130*

Bohnen mit Austernsoße und Röstzwiebeln, *siehe S. 149*

Gaeng Pah mit Rind, *siehe S. 96*

GAENG PAH MIT RIND

4 Portionen

Bei einem Thai-Curry denkt man automatisch an Kokosmilch, doch ein Gaeng Pah (übersetzt Dschungel-Curry) enthält nicht einmal einen Hauch von Kokos. Seinen unverwechselbaren Geschmack erhält das extrem aromatische Gericht vielmehr durch Kräuter, grünen Pfeffer, Chili, Ingwer und Tamarinde. Subtile Nuancen sind hier nicht gefragt – bei Gaeng Pah muss es richtig knallen! Normalerweise wird es durch Zugabe von massenweise Öl abgemildert, ich ziehe es aber vor, sehr fette Fleischstücke (Back Ribs sind am besten) mitzugaren, deren Fett das Gericht zähmt und wundervoll abrundet. Für eine vegetarische Variante sollte man die Würzpaste in reichlich Öl anbraten, bevor man Gemüse nach Wahl zufügt. Mit reichlich Klebreis servieren, um die Schärfe zu dämpfen.

2 EL fein gehackter Ingwer
2 Stängel Zitronengras, in Streifen
4–8 frische rote Thai-Chilischoten
50 ml Fischsoße
1,4 kg Back Ribs, alternativ 1,2 kg Short Ribs oder Hohe Rippe vom Rind
6 Kaffir-Limettenblätter
6 thailändische grüne Pfefferzweige
4–6 getrocknete Thai-Chilischoten
400 ml Wasser
100 g kleine grüne Thai-Auberginen (Pokastrauch-Beeren)
100 ml Austernsoße
60 g Tamarindenpaste

1. Den Backofen auf 150 °C vorheizen.
2. Ingwer, Zitronengras, frische Chilis und Fischsoße zu einer Paste mörsern oder pürieren.
3. Die Paste ins Fleisch einmassieren und mit den Limettenblättern, der Hälfte des grünen Pfeffers, den getrockneten Chilis und dem Wasser in einen Schmortopf geben.
4. Abgedeckt 3–4 Stunden schmoren, bis das Fleisch fast vom Knochen fällt.
5. Etwa ein Drittel des oben schwimmenden Fetts abschöpfen. Für den Geschmack ist zwar einiges an Fett nötig, doch ein Übermaß schadet der Soße. Ganz leicht entfernen lässt sich das Fett, wenn man den Topf über Nacht in den Kühlschrank stellt und das erstarrte Fett von der Oberfläche abnimmt.
6. Die Brühe abseihen und in einen Topf oder eine Schmorpfanne füllen. Thai-Auberginen, restlichen Pfeffer, Austernsoße und Tamarindenpaste zufügen und 15 Minuten köcheln.
7. Das Fleisch zufügen und etwa 20 Minuten mitköcheln.
8. Mit Klebreis (siehe S. 134) oder gekochtem Reis (weiß oder schwarz) servieren.

Siehe Foto S. 94

KAENG HANG LAY – BURMESISCHES CURRY

4 Portionen

Seinen charakteristischen Geschmack erhält dieses ursprünglich burmesische Gericht durch die Gewürzmischung Hang Lay, die besonders im Nordwesten Thailands, in der Provinz Mae Hong Son, verbreitet ist. Sie erinnert an indisches Masala und besteht aus unglaublich vielen Zutaten: Langpfeffer, Muskat, Nelke, grünem Kardamom, schwarzem Pfeffer, Muskatblüte, Fenchelsamen, Kreuzkümmel, Bockshornklee, Knoblauchpulver, Zimt, Koriander, Chili, Ingwer, Lorbeerblatt, Kurkuma, Sesam und Senfsaat. Die Zutaten werden im Mörser zerstoßen und ergeben ein extrem aromatisches Würzpulver.

Wenn es bei mir schnell gehen soll, greife ich stattdessen gerne zum chinesischen Fünf-Gewürze-Pulver, das es in jedem Supermarkt gibt. Wer aber Zeit und Lust hat, Hang-Lay-Pulver selbst zu machen, sollte es unbedingt einmal ausprobieren (siehe S. 167). Luftdicht verpackt und dunkel gelagert, ist es sehr lange haltbar.

500 g Schweinebauch mit Schwarte, gewürfelt (2 cm Seitenlänge)
8 Thai-Schalotten oder 4 normale, in feinen Ringen
6 kleine Thai-Knoblauchzehen oder 2 normale, fein gehackt
3 EL fein gehackter Ingwer
1 EL Tomatenmark
1 TL Kurkumapulver
½–1 TL geröstetes Chilipulver (Prik Bon) (optional)
1 EL gehackte getrocknete Garnelen oder 1 EL Garnelenpaste
½ EL Hang-Lay-Pulver (siehe S. 167) oder Fünf-Gewürze-Pulver
2 EL neutrales Rapsöl
1 ½ EL schwarze Thai-Sojasoße oder Ketjap Manis
2 EL Austernsoße
2 EL Fischsoße
1 EL Palmzucker
500 ml Wasser
1 EL Sriracha-Soße
2 EL Tamarindenpaste

1. Das Fleisch zusammen mit Schalotten, Knoblauch, Ingwer, Tomatenmark, Kurkuma, nach Belieben Chilipulver, Garnelen und Hang-Lay-Pulver in einem großen Wok im Rapsöl bei hoher Hitze etwa 5 Minuten leicht anbräunen.
2. Sojasoße, Austernsoße, Fischsoße, Zucker, Wasser, Sriracha-Soße und Tamarindenpaste zufügen.
3. Abgedeckt etwa 45 Minuten köcheln, dann ohne Deckel etwa 15 Minuten sämig einköcheln.
4. Abschmecken und bei Bedarf mehr Fischsoße, Tamarinde oder Chili zufügen.
5. Mit Klebreis (siehe S. 134) oder frisch gekochtem Jasminreis servieren.

Wok-Nudeln mit Tofu, *siehe S. 143*

Kaffir-Curry mit Lamm, siehe S. 102

KAFFIR-CURRY MIT LAMM

4 Portionen

Dieses Curry mit Kaffir-Limettenblättern lässt sich mit Lamm-, Rind- oder Schweinefleisch zubereiten. Verwenden Sie auf jeden Fall einen Fleischabschnitt, der auch nach langem Schmoren nicht trocken wird. Mein Favorit ist Haxe, deren Knochen dem Curry einen tollen Geschmack verleihen und an denen man noch ein wenig herumknabbern kann, wenn man von dem köstlichen Schmorgericht nicht genug bekommen kann. Noch besser schmeckt das Curry übrigens nach einem Tag im Kühlschrank, wenn die Aromen von Limettenblättern und Zitronengras richtig schön durchgezogen sind.

- 2 EL Rapsöl
- 4 Lammhaxen mit Knochen (ca. 1,2–1,4 kg)
- 3 Zwiebeln, in Spalten
- 8 kleine Thai-Knoblauchzehen oder 4 normale, in Scheiben
- 3 Stängel Zitronengras, leicht zerquetscht und in Stücken (5 cm)
- 2 EL gehackter Ingwer
- 50 ml Fischsoße
- 200 ml Austernsoße
- 40 g Palmzucker oder brauner Zucker
- 600 g Kokoscreme
- 15 Kaffir-Limettenblätter, getrocknet, frisch oder TK
- 4–8 getrocknete rote Thai-Chilischoten

1. Den Backofen auf 150 °C vorheizen.
2. Das Öl in einer Pfanne auf mittlerer Stufe erhitzen und das Fleisch darin rundum anbräunen. In eine Auflaufform oder einen Schmortopf füllen.
3. Die restlichen Zutaten in derselben Pfanne etwa 10 Minuten zu einer Soße einkochen und über das Fleisch gießen.
4. Mit Alufolie oder einem Deckel abdecken.
5. Etwa 4 Stunden im Ofen schmoren, bis das Fleisch vom Knochen fällt und die Soße eingedickt ist. Währenddessen nicht umrühren. Man kann den Schmortopf auch auf dem Herd zubereiten, was etwa genauso lange dauert. Allerdings muss man dann ab und zu umrühren.
6. Mit Reis servieren, zum Beispiel mit Klebreis (siehe S. 134).

Siehe Foto S. 101

TOM KHA GAI

4 Portionen

Die Suppe Tom Kha Gai war in den 1990er-Jahren mein erster Berührungspunkt mit der thailändischen Küche. Ich arbeitete damals als Köchin in einem Restaurant und kochte die Suppe jeden Tag – sie war damals so eine Art „In"-Suppe. Nebenbei röstete ich hippe Pesto-Focaccia und buk riesige Brownies. Mit Zitronengras, Limettenblättern und Kokosmilch hatte ich zu dem Zeitpunkt noch nie gearbeitet, die Suppe inspirierte mich aber dazu, mir Thai-Rezepte und auch die Lebensmittel in den Asia-Läden genauer anzuschauen. Als ich mit der Arbeit an diesem Buch begann, hatte ich zwar jahrelang kein Tom Kha Gai mehr gegessen, es war aber sofort klar, dass diese extrem köstliche Suppe auf jeden Fall einen Platz im Buch finden musste.

Weil ich Nudelsuppen und Nudelgerichte generell über alles liebe, serviere ich auch Tom Kha Gai mit Nudeln, die sich mithilfe einer Gabel so schön aufschlürfen lassen. Man kann die Suppe aber auch mit Reis essen, was in Thailand gebräuchlicher ist.

2 EL neutrales Rapsöl
400 g Hähnchenschenkelfilet, in mundgerechten Stücken
1 Zwiebel, in Ringen
400 g Kokoscreme
800 ml Wasser
75 ml Fischsoße
8 Kaffir-Limettenblätter
3 Stängel Zitronengras, leicht zerquetscht
1 ½ EL Palmzucker oder brauner Zucker
4 Portionen Reisnudeln
1–4 frische kleine rote Thai-Chilischoten, in Ringen
100 g frische Champignons, geviertelt
Saft von 2 Limetten
4 weich gekochte Eier
Limettenspalten

1. Das Öl in einem Topf auf mittlerer Stufe erhitzen und Hähnchenfleisch und Zwiebel darin einige Minuten anbräunen.
2. Kokoscreme, Wasser, Fischsoße, Limettenblätter, Zitronengras und Zucker zufügen.
3. Etwa 20 Minuten einköcheln lassen.
4. Die Reisnudeln in einem separaten Topf nach Packungsanleitung garen und anschließend sofort unter kaltem Wasser abschrecken.
5. In den letzten 5 Minuten der Garzeit Chilis und Champignons in die Suppe geben und mitgaren. Mit Limettensaft abschmecken und nach Belieben mehr Fischsoße zufügen.
6. Die Suppe mit Reisnudeln, weich gekochten Eiern und Limettenspalten servieren.

KHAO SOI – CURRYNUDELN

4 Portionen

Ich habe ein großes Faible für Ramen. Khao Soi könnte man vielleicht als die nordthailändische Antwort auf Ramen bezeichnen, und entsprechend begeistert war ich, als mir die scharfe Brühe auf Kokosmilchbasis mit knusprig frittierten Nudeln erstmals serviert wurde. Die Knuspernudeln spielen bei Khao Soi übrigens eine der Hauptrollen und sollten deshalb keinesfalls weggelassen werden. Das Frittieren geht wirklich sehr schnell und ist ganz einfach – man braucht nur einen Topf und etwas Öl.

Wenn Sie im Asia-Shop keine frischen Eiernudeln finden, greifen Sie am besten zu TK-Wantanplatten. Einfach in Streifen schneiden und frittieren.

3 EL neutrales Rapsöl
3 EL frische, fein gehackte Kurkumawurzel oder 2 ½ TL Kurkumapulver
6 kleine Thai-Knoblauchzehen oder 2 normale, in Scheiben
4 kleine Schalotten, fein gehackt
2–4 getrocknete Thai-Chilischoten
1 TL Korianderkörner
1 ½ TL Hang-Lay-Pulver oder Fünf-Gewürze-Pulver
300 g Hohe Rippe, gewürfelt (3 cm Seitenlänge)
3 EL Fischsoße
2 EL Palmzucker oder brauner Zucker
2 EL Tamarindenpaste
400 g Kokoscreme
800 ml Wasser
neutrales Rapsöl zum Frittieren
400 g frische Eiernudeln oder Wantanblätter, in schmalen Streifen
8 rohe Garnelen, nicht ausgelöst
1 kleiner Pak Choi, in Blätter geteilt
3 EL zerzupfte Kräuter, z. B. Koriander und Thai-Basilikum
1 rote Zwiebel, in feinen Ringen
1 Limette, in Spalten
1–2 EL thailändische Chilisoße (optional)

1. Das Öl in einem Wok oder einer Pfanne erhitzen und Kurkuma, Knoblauch, Schalotten, Chilis, Koriander und Hang-Lay-Pulver darin 3 Minuten braten.
2. Das Fleisch zugeben und anbräunen.
3. Fischsoße, Zucker, Tamarindenpaste und Kokoscreme zufügen.
4. Etwa 2 Stunden abgedeckt köcheln lassen, bis das Fleisch ganz zart ist. Nach 1 Stunde das Wasser angießen und 1 Stunde abgedeckt weiterköcheln.
5. Das Frittieröl auf 180 °C erhitzen. Ein Viertel der Nudeln darin etwa 30 Sekunden frittieren und auf Küchenpapier abtropfen lassen.
6. Gesalzenes Wasser in einem Topf aufkochen und die restlichen Nudeln darin nach Packungsanleitung garen.
7. Garnelen, Pak Choi und Kräuter oben auf die Suppe legen und 5 Minuten gar ziehen lassen.
8. Die Suppe mit den gekochten Nudeln in Schalen servieren. Mit Zwiebelringen, frittierten Nudeln, je 1 Limettenspalte und nach Belieben etwas Chilisoße servieren.

4 Portionen

KRABBEN-CURRY

Krabbenfleisch hat die Eigenschaft, die Aromen von Gewürzen, Kräutern und Kokoscreme fleißig in sich aufzusaugen, und wird so zu einem wahren Hochgenuss. Mir macht es auch immer riesigen Spaß, das Krabbenfleisch mit den Fingern aus den Schalen zu pulen oder mit dem Mund herauszusaugen.

2 gegarte Krabben
2 EL neutrales Rapsöl
3 EL Massaman-Currypaste (siehe S. 171)
30 g fein gehackter Ingwer
2 Stängel Zitronengras, leicht zerquetscht und in feinen Streifen
2–6 frische kleine grüne Thai-Chilischoten, fein gehackt
6 kleine Thai-Knoblauchzehen oder 2 normale, fein gehackt
4 Kaffir-Limettenblätter
½ EL Korianderkörner
1 EL Palmzucker
50 ml Fischsoße
50 ml Wasser
400 g Kokoscreme
Saft von 1 Limette

1. Die Krabben halbieren und die Kiemen entfernen. Die Scheren mit einem Mörserstößel oder Hammer aufbrechen, damit sich später bei Tisch das Fleisch gut herauslösen lässt.
2. Das Öl in einem Wok erhitzen und die Currypaste darin ein paar Minuten braten. Ingwer, Zitronengras, Chilis und Knoblauch zufügen und 5 Minuten bei mittlerer Hitze braten.
3. Limettenblätter, Koriander, Palmzucker, Fischsoße, Wasser und Kokoscreme zugeben und 10 Minuten köcheln.
4. Die Krabben einlegen und etwa 10 Minuten erhitzen.
5. Mit Limettensaft beträufeln und sofort mit Reis oder Roti (siehe S. 88) servieren.

VARIANTEN

Anstelle von Krabben können Sie natürlich auch andere Krusten- und Schalentiere verwenden, wie Hummer, Kaisergranate, Garnelen oder Muscheln. Man kann aus der Soße auch ein vegetarisches Curry zubereiten, indem man die Fischsoße durch fermentierte Sojabohnenpaste ersetzt und Gemüse oder Tofu zufügt.

Venusmuschel-Fisch-Curry, *siehe S. 112*

VENUSMUSCHEL-FISCH-CURRY

4 Portionen

Hier ein ganz wundervolles Fisch-Curry mit Venusmuscheln und leckeren kleinen Fischbällchen. Wer wenig Zeit hat, kann die Fischbällchen auch weglassen und den Fisch stattdessen würfeln und im Curry gar ziehen lassen. Weil grüne Currypaste aufgrund der Kräuter und der grünen Chili einen sehr frischen Geschmack hat, passt sie ausgezeichnet zu Fisch und Meeresfrüchten. Auch einen Versuch wert: gedämpfter Lachs, Saibling, Kabeljau oder Steinbutt mit einer Soße aus grüner Currypaste, Kokoscreme, Fischsoße und Limettensaft.

500 g Kabeljau-, Lachs-, Schellfisch- oder Zanderfilet
1 kg Venusmuscheln, alternativ Mies- oder Herzmuscheln
3–5 EL grüne Currypaste (siehe S. 169)
3 EL Fischsoße
1 Ei
400 g Kokoscreme
2 EL neutrales Rapsöl
3 kleine Schalotten, fein gehackt
400 ml Wasser
6 Kaffir-Limettenblätter
25 g frische Thai-Kräuter, z. B. Koriander und Thai-Basilikum, zerzupft
1 Limette, in Spalten

1. Das Fischfilet etwa 1 Stunde vor der Zubereitung in den Tiefkühler legen.
2. Die Muscheln 30 Minuten vor der Verwendung in eine Schüssel mit kaltem Wasser legen, damit sie Sand und Ähnliches aus ihrem Inneren absondern.
3. Die Currypaste gemäß Rezept zubereiten.
4. Den Fisch mit 1 EL Fischsoße in einer Küchenmaschine zu einer glatten Farce verarbeiten.
5. Nach und nach – damit die Masse nicht gerinnt – Ei und 100 g Kokoscreme unterrühren.
6. Das Öl in einem Topf erhitzen und darin zuerst die Currypaste und anschließend die Schalotten anbraten. Restliche Kokoscreme, Wasser, restliche Fischsoße sowie Limettenblätter zufügen und alles 5 Minuten einköcheln.
7. Die Farce zu Kugeln formen, in die Soße legen und abgedeckt 5 Minuten gar ziehen lassen. Mit einem Schaumlöffel herausheben.
8. Die Muscheln in die Soße geben und etwa 5 Minuten abgedeckt dämpfen. Noch geschlossene Muscheln aussortieren.
9. Die Fischbällchen wieder in den Topf geben und die Kräuter zufügen. Mit Limettenspalten und Reis oder Nudeln servieren. Auch lecker mit grünem Papayasalat (siehe S. 59) oder Krabben-Pomelo-Salat (siehe S. 64).

Siehe Foto S. 110

ROTES TOFU-CURRY

4 Portionen

Rotes Curry lässt sich unendlich variieren und mit Gemüse, Fisch, rotem Fleisch, Geflügel, Tofu, Tempeh oder Pilzen zubereiten – sogar mit Paprika schmeckt es fabelhaft. Es ist also perfekt, um den Kühlschrank wieder einmal „auszumisten". Der Grund für den Variantenreichtum ist, dass rotes Curry sowohl mild als auch höllisch scharf abgeschmeckt werden kann. Damit die milde Version allerdings nicht zu lasch schmeckt, muss man ihr mit etwas mehr Fischsoße, Knoblauch und Zitronengras auf die Sprünge helfen.

2 EL neutrales Rapsöl
1–5 EL rote Currypaste, siehe S. 170
250 g fester Tofu, gewürfelt
8 kleine grüne Thai-Auberginen (Pokastrauch-Beeren), halbiert
1 Stängel Zitronengras, leicht zerquetscht und halbiert
4 Kaffir-Limettenblätter
1 EL Palmzucker oder brauner Zucker
400 g Kokoscreme
400 ml Wasser
3 EL Fischsoße, für Vegetarier fermentierte Sojabohnenpaste
frische Thai-Kräuter und Limettenspalten zum Servieren

1. Das Öl in einem Wok oder Topf erhitzen und die Currypaste darin anbraten.
2. Tofu und Auberginen zufügen und auf hoher Stufe etwa 5 Minuten etwas Farbe annehmen lassen.
3. Zitronengras, Limettenblätter, Zucker, Kokoscreme, Wasser und Fischsoße (oder Sojabohnenpaste) zufügen.
4. Das Ganze etwa 20 Minuten einköcheln lassen. Wer hier anstelle von Tofu Fleisch verwendet, muss die Garzeit an die jeweilige Fleischsorte anpassen. Fisch sollte in den allerletzten Minuten zugefügt werden und nur kurz gar ziehen.
5. Abschmecken und nach Belieben mehr Fischsoße zufügen. Mit Reis, Kräutern und Limetten servieren.

Siehe Foto S. 66

Wasserspinat mit Austernsoße und Röstzwiebeln, *siehe S. 149*

AUBERGINEN-CURRY

4 Portionen

In einem asiatischen Lebensmittelgeschäft Auberginen zu kaufen, ist richtig spannend. Es gibt nämlich unglaublich viele verschiedene Sorten, die sich alle in Farbe, Konsistenz und Geschmack unterscheiden. Manche sind der klassischen italienischen Aubergine nicht unähnlich, andere wiederum bitter oder auch steinhart. Ich habe auf alle Regeln gepfiffen und sie kurzerhand alle in einem Curry vereinigt. Megalecker!

- 4 EL neutrales Rapsöl
- 2 EL fein gehackter Ingwer
- 6 kleine Thai-Knoblauchzehen oder 2 normale, fein gehackt
- 2–3 frische kleine rote Thai-Chilischoten
- 2–3 frische grüne Thai-Chilischoten
- 1 ½ EL Palmzucker oder brauner Zucker
- 4 Kaffir-Limettenblätter
- 2 Stängel Zitronengras, leicht zerquetscht und halbiert
- 100 g kleine Thai-Auberginen (Pokastrauch-Beeren)
- 100 ml Austernsoße
- 2 EL Tamarindenpaste
- 400 g Kokoscreme
- 200 ml Wasser
- 300 g gemischte kleine Auberginen, z. B. Thai-, chinesische, Tiger- und japanische Aubergine
- 6 kleine Schalotten
- 3 EL gehackte Thai-Basilikumblätter
- 3 EL gehackte indische Basilikumblätter

1. 2 EL Öl in einem Wok oder Topf erhitzen und Ingwer, Knoblauch und Chilis darin anbraten.
2. Zucker, Limettenblätter, Zitronengras und Thai-Auberginen zufügen. Einige Minuten braten, dann Austernsoße, Tamarindenpaste, Kokoscreme und Wasser angießen. 15 Minuten zu einer schönen Soße einköcheln lassen.
3. Die Auberginen halbieren und in einer separaten Pfanne mit den Schalotten im restlichen Öl braten, bis sie ein wenig weich und schön aromatisch geworden sind.
4. Auberginen mit Thai- und indischem Basilikum unter die Soße rühren und mit gekochtem Jasminreis servieren.

TOM YAM GUNG NAM SAI-SUPPE

4 Portionen

Für viele ist Tom Yam Gung Nam Sai die ultimative Suppe – und das kann ich mehr als gut verstehen. Wichtig ist hier nur, eine feine Balance zwischen den süßlichen Garnelen und den säuerlichen und salzigen Komponenten zu schaffen. Tom-Yam-Suppen mit der Endung „Sai" haben immer eine klare Brühe als Grundlage, während Varianten mit der Endung „Khon" auf einer Kokosmilchbasis beruhen.

Ich liebe Hühnerbrühe über alles und finde, dass sie die absolut beste Brühe für klare Suppen und Ramen ist. In meine Tom-Yam-Version kommen deshalb Hähnchenschenkelfilets mit Haut, weil sie der Brühe noch mehr Aroma verleihen und wunderbar mit Garnelen und Tomaten harmonieren. Es lohnt sich, hier frische Garnelen zu verwenden, andernfalls kann man die Brühe auch mit den Schalen von gegarten Garnelen kochen und dann ganze gegarte Garnelen mit Schale in die Suppe legen. Dies aber erst gegen Ende, sonst werden sie trocken.

6 Kaffir-Limettenblätter
2 Stängel Zitronengras, leicht zerquetscht und halbiert
1 EL fein gehackter Galgant
6 kleine Thai-Knoblauchzehen oder 2 normale, in Scheiben
2–6 frische kleine rote Thai-Chilischoten, fein gehackt
3 Hähnchenschenkelfilets mit Haut
16 frische oder gegarte Garnelen
1,2 l Wasser
3 rote Tomaten, in Spalten
3 EL Fischsoße
2–3 EL frisch gepresster Limettensaft
150 g Reisnudeln
8 Champignons, in Scheiben
25 g frische Thai-Kräuter, z. B. Thai-Basilikum und Koriander, zerzupft

1. Limettenblätter, Zitronengras, Galgant, Knoblauch, Chilis, Hähnchenfleisch und die Schalen von 4 Garnelen in einem Topf mit Wasser aufkochen.
2. 30 Minuten abgedeckt köcheln, bis das Fleisch weich ist und viel Geschmack an die Brühe abgegeben hat. Die Garnelenschalen entsorgen.
3. Tomaten, Fischsoße und Limettensaft zufügen und weitere 10 Minuten köcheln lassen.
4. Die Suppe abschmecken und bei Bedarf mehr Fischsoße und Limettensaft zufügen.
5. Die Reisnudeln nach Packungsanweisung garen und auf Suppenschalen verteilen.
6. Champignons, Garnelen und Thai-Kräuter in die heiße Brühe geben.
7. Die Schalen mit Suppe auffüllen und sofort servieren.

5

Vom Grill

In Thailand gehört Grillen zum Alltag. Fleischspieße, Eier, Fisch und kleine, mit Schweinefleisch oder Meeresfrüchten gefüllte Bananenblätter grillt man dort über offenem Feuer. Man stellt Woks auf glühend heiße Tao-Thai-Grills und Töpfe mitten ins Feuer, um allen Zutaten die für sie bestmögliche Zubereitungsart zukommen zu lassen.

Wie auch bei anderen kleinen asiatischen Grills ist es beim Thai-Grill wichtig, bei der Grillkohle nach hochwertigen Produkten, wie zum Beispiel der japanischen Holzkohle Binchōtan (auch Binchōzumi), zu greifen (im Internet bestellbar). Binchōtan ist sehr sparsam im Verbrauch, weil sie recht massiv und nicht so porös ist wie Briketts oder Holzkohle. Deshalb glüht sie deutlich länger. Wer keinen Tao-Thai-Grill besitzt, kann auch einen anderen kleinen Grill verwenden.

Tofu-Spieße mit Tamarindenglasur, *siehe S. 127*

Mais mit Garnelen-Butter, *siehe S. 123*

Satayspieße, *siehe S. 122*

Salat mit Rind,
siehe S. 69

Sataysoße,
siehe S. 122

SATAY GAI – SATAYSPIESSE

8–12 Spieße

Der Klassiker! Neben Pad Thai sind Hühnerspieße mit Erdnussoße das wohl bekannteste thailändische Gericht. Ich glaube, ich habe noch nie jemanden getroffen, der diese köstlichen Spieße nicht gemocht hätte! Am besten schmeckt das Fleisch, wenn man es über offenem Feuer grillt, aber auch in einer normalen Pfanne wird es sehr lecker. Die Chilischärfe der Soße ist reine Geschmackssache – von familienfreundlich bis feurig scharf ist alles möglich.

750 g Hähnchenschenkelfilet, gewürfelt (2 cm Seitenlänge)
1 TL Kurkumapulver
7 Kaffir-Limettenblätter, 4 davon fein gehackt
3 kleine Thai-Knoblauchzehen oder 1 normale, fein gehackt
5 EL Fischsoße
1 Stängel Zitronengras, leicht zerquetscht und in Streifen
1–3 kleine getrocknete Thai-Chilischoten
1 ½ EL Palmzucker
120 g grobe Erdnussbutter
200 g Kokoscreme
100–200 ml Wasser
30 g geröstete Erdnüsse, fein gehackt
Fischsoße und Palmzucker zum Abschmecken
8–12 Holzspieße

1. Hähnchenfleisch, Kurkuma, die fein gehackten Limettenblätter, Knoblauch und 3 EL Fischsoße gut vermengen und mindestens 30 Minuten, besser aber über Nacht, ziehen lassen.
2. Holzspieße vor dem Grillen mindestens 1 Stunde wässern, damit sie kein Feuer fangen.
3. Zitronengras, Chilis, restliche Limettenblätter, restliche Fischsoße, Zucker, Erdnussbutter und Kokoscreme in einem Topf aufkochen und 10 Minuten sachte köcheln lassen.
4. Glatt pürieren und mit so viel Wasser verdünnen, bis die gewünschte Konsistenz erreicht ist. Die Erdnüsse unterrühren und mit Fischsoße und Zucker abschmecken.
5. Das Fleisch auf Spieße stecken und etwa 15 Minuten grillen, bis es gar und rundum angebräunt ist. Mit der Erdnusssoße und nach Belieben mit Gurkensalat, Reis oder Nudeln servieren.

Siehe Foto S. 120

CHA PLU-RÖLLCHEN

20 Stück
(4–6 Portionen)

Dieses ursprünglich vietnamesische Gericht kommt auch in Thailand häufig auf den Tisch. Würstchen aus Lamm, Rind, Huhn oder Fisch werden mit Blättern von Thailändischem Pfeffer (Cha Plu) umwickelt und gegrillt. Die Röllchen kann man als Snack, Fingerfood oder mit Reis und Salat essen.

500 g Lamm-, Schweine- oder Rinderhackfleisch
3 EL fein gehacktes Thai-Basilikum
3 kleine Thai-Knoblauchzehen oder 1 normale, fein gehackt
1 EL fein gehackter Ingwer
1 Stängel Zitronengras, leicht zerquetscht und fein gehackt
2 Kaffir-Limettenblätter, fein gehackt
2 EL Fischsoße
20 Thailändische Pfefferblätter (Cha Plu)
20 Zahnstocher

1. Hackfleisch, Thai-Basilikum, Knoblauch, Ingwer, Zitronengras, Limettenblätter und Fischsoße zu einer glatten Masse verrühren.
2. Etwas Hackfleischmasse auf ein Pfefferblatt legen, das Blatt an den Seiten einschlagen, dann aufrollen und mit einem Zahnstocher fixieren. Mit den anderen Blättern genauso verfahren.
3. Grillen, bis das Fleisch gar ist, und als Snack oder Beilage servieren.

Siehe Foto S. 124

GARNELEN-BUTTER

Wer auf der Suche nach einer Würzbutter ist, die zu gegrilltem Mais, gekochtem oder gegrilltem Gemüse, gegrilltem Fisch oder auch zu Reis und Nudeln passt, ist hiermit fündig geworden. Für eine vegetarische Variante kann man die getrockneten Garnelen auch durch dieselbe Menge Miso oder fermentierte Sojabohnenpaste ersetzen.

100 g weiche Butter
1 EL gehackte getrocknete Garnelen
1–2 frische kleine rote Thai-Chilischoten, fein gehackt
2 Kaffir-Limettenblätter, fein gehackt
Saft von ½ Limette

Alle Zutaten zu einer Würzbutter vermengen.

Siehe Foto S. 121

Kae Peank –
BBQ-Thai-Eier,
siehe S. 130

Cha Plu-Röllchen,
siehe S. 123

6–8 Portionen

SAI OUA – THAI-WURST

Aus der nordthailändischen Region Chiang Mai stammt diese wundervolle Wurstspezialität aus Schweinefleisch, die intensiv nach Zitronengras und Hang-Lay-Pulver schmeckt. Die grobe Bratwurst wird meist gegrillt und als Snack oder Teil eines Büfetts mit Klebreis serviert. Zu viel Zitronengras kann man hier eigentlich gar nicht verwenden, wichtig ist aber, die Stangen gut zu zermörsern oder fein zu mixen, damit man später auf keine unangenehmen Fasern beißt. Schmeckt auch gut im Hotdog-Brötchen mit Coleslaw, ordentlich Koriander und Limette als eine Art thailändischer Hotdog. Nicht sonderlich authentisch, aber lecker!

3 Knoblauchzehen
2 Schalotten
2 EL fein gehackter Ingwer
6 Stängel Zitronengras, leicht zerquetscht und fein gehackt
3 getrocknete Chilischoten
10 Kaffir-Limettenblätter
1 ½ TL Hang-Lay-Pulver oder Fünf-Gewürze-Pulver
2 EL neutrales Rapsöl
750 g Schweinenacken, gewürfelt (2 cm Seitenlänge)
150 g fetter Speck, gewürfelt (2 cm Seitenlänge)
100 ml Fischsoße
ca. 2 m Schweinedarm

1. Knoblauch, Schalotten, Ingwer, Zitronengras, Chilis, Limettenblätter und Hang-Lay-Pulver zu einer groben Paste mörsern oder pürieren.
2. Das Öl in einer Pfanne auf mittlerer Stufe erhitzen und die Paste darin ein paar Minuten braten, bis Schalotten, Zitronengras und Ingwer etwas weich geworden sind.
3. Mit Schweinenacken, Speck und Fischsoße in einer Schüssel mischen und etwa 30 Minuten in den Tiefkühler geben.
4. Die leicht angefrorene Fleischmischung durch die grobe Lochscheibe des Fleischwolfs drehen.
5. Den Darm gründlich durchspülen und das Brät mit dem Wurstfüller in den Darm pressen. Entweder eine lange Wurst herstellen, die zu einer Schnecke aufgerollt und mit zwei Grillspießen fixiert wird, oder etwa 10 cm lange einzelne Würste abdrehen.
6. Die Würste vor dem Braten oder Grillen mindestens 3–4 Stunden ruhen lassen, damit Konsistenz und Geschmack sich richtig entfalten können.
7. Die Würste etwa 15 Minuten rundum anbräunen, bis sie gar sind. Nach Belieben mit feinen Chiliringen und Kräutern servieren und dazu Reis oder Thai-Rührei (siehe S. 50) reichen.

HÄHNCHEN KAI YANG MIT TAMARINDENGLASUR

4 Portionen

Die säuerlich-aromatische Tamarinde eignet sich perfekt für Soßen, Glasuren und Marinaden, weil sie beim Erhitzen eine dickflüssige, sirupartige Konsistenz annimmt. In Thailand ist Hähnchen-Kai-Yang – in Fischsoße, Knoblauch, Zitronengras und Korianderwurzeln mariniertes Grillhähnchen – ein beliebtes Streetfood. Bei mir bekommt es mit einer Tamarindenglasur auch noch eine schöne Kruste.

1 ganzes Hähnchen (ca. 1,3 kg)
2 EL Fischsoße
3 kleine Thai-Knoblauchzehen oder 1 normale, fein gehackt
1 Stängel Zitronengras, leicht zerquetscht und fein gehackt
2 Korianderwurzeln, fein gehackt (optional)

Tamarindenglasur
120 g Tamarindenpaste
2 EL Fischsoße
2 EL Palmzucker oder brauner Zucker
1 TL grüner Sichuanpfeffer
1 TL Kreuzkümmelsamen
1 TL Korianderkörner
1 EL fein gehackter Ingwer

Zum Servieren
25 g gemischte Thai-Kräuter, gehackt
1 EL geröstetes Reispulver
Limettenspalten

1. Das Hähnchen mit Fischsoße, Knoblauch, Zitronengras und nach Belieben Korianderwurzeln einreiben. In einem Beutel mindestens 1 Stunde oder über Nacht im Kühlschrank marinieren.
2. Alle Zutaten für die Glasur in einen Topf geben und etwa 5 Minuten einköcheln, dann mit einem Stabmixer glatt pürieren. Die Soße leicht abkühlen lassen, dann ist sie einfacher zu verarbeiten.
3. Das Hähnchen am Rückgrat entlang aufschneiden und wie ein Buch aufklappen. So lässt sich das Hähnchen auch bei direkter Hitze und ohne Deckel grillen, was bei einem ganzen Hähnchen sonst nicht möglich ist.
4. Etwa 30 Minuten auf den Grill legen und ab und zu wenden. Es sollte stark angebräunt, aber nicht verbrannt sein.
5. Gegen Ende, wenn das Fleisch fast gar ist, mit der Glasur bestreichen.
6. Mit Kräutern und Reispulver bestreuen und mit Limettenspalten sowie frisch gekochtem Jasminreis und grünem Papayasalat (siehe S. 59) servieren.

TOFUSPIESSE MIT TAMARINDENGLASUR
Rechteckige, feste Tofustücke auf Spieße stecken, mit Tamarindenglasur bestreichen und auf dem Grill rundum anbräunen (siehe Foto S. 120).

2 Portionen
(1 kleiner
Thai-Tontopf)

NUDELN MIT KRABBE UND SCHWEIN AUS DEM TONTOPF

Ein Tontopf mit Glasnudeln erscheint auf den ersten Blick vielleicht nicht sonderlich spektakulär, aber Sie werden sich wundern! Wenn die Nudeln nämlich zusammen mit Krabben- und Schweinefleisch gebacken werden, erhält das Ganze an den Rändern eine herrliche, dunkelbraun karamellisierte Kruste. Dann heißt es nur noch umrühren und sich auf eine Nudelsuppe der Extraklasse freuen. Man kann das Schweinefleisch auch weglassen und die Nudeln stattdessen mit etwas Butter backen, was den Geschmack ebenfalls wunderbar abrundet.

Grüne Chilisoße
- 1–2 frische kleine grüne Thai-Chilischoten
- 1 ½ EL frisch gehackter Koriander
- ½ TL Korianderkörner
- 2 EL frisch gepresster Limettensaft
- 1 EL Wasser

Nudeltopf
- 80 g Glasnudeln
- 70 g gepökelter Schweinebauch oder durchwachsener Speck, in mundgerechten Stücken
- ½ Krabbe, Fleisch ausgelöst
- 2 EL Butter
- 1 frische rote Thai-Chilischote, fein gehackt
- 1 EL fein gehackter Ingwer
- 3 kleine Thai-Knoblauchzehen oder 1 normale, fein gehackt
- 1 Stängel Zitronengras, leicht zerquetscht und fein gehackt
- 2 kleine Schalotten, fein gehackt
- 1 Ei
- 2 EL Fischsoße
- 100 ml Wasser
- 1 ½ EL weißes Miso oder fermentierte Sojabohnenpaste
- 50 ml Sake oder Weißwein

1. Für die Chilisoße Chilis, Koriander und Korianderkörner zermörsern und mit Limettensaft und Wasser zu einer Soße verrühren.
2. Die Nudeln nach Packungsanleitung garen und unter kaltem Wasser abschrecken.
3. Das Schweinefleisch in den Tontopf geben, Krabbenfleisch und Butter darauf verteilen.
4. Chili, Ingwer, Knoblauch, Zitronengras und Schalotten zufügen.
5. Das Ei in den Topf aufschlagen und die Nudeln darauflegen.
6. Fischsoße, Wasser, Miso und Sake verquirlen und über die Nudeln gießen.
7. Den Topfinhalt etwa 10 Minuten über offenem Feuer oder einer Gasflamme backen. Nicht zu lange stehen lassen, da das Ganze schnell anbrennt, sobald die Flüssigkeit verdampft ist.
8. Mit der grünen Chilisoße beträufeln und alles gut umrühren. Dann können Sie sich die superleckeren Nudeln schmecken lassen.

GEGRILLTE AUBERGINE MIT EI UND RÖSTREIS

4 Portionen

Auberginen sind das ultimative Grillgemüse. Hier werden sie mit Eiern, Kräutern und geröstetem Reis serviert. Perfekt als Snack oder Beilage zu Hähnchen oder gegrilltem Fisch.

2 Auberginen, in Scheiben
1 EL neutrales Rapsöl
1 EL Fischsoße
Saft von ½ Limette
1 kleine grüne Thai-Chilischote, fein gehackt
3 EL zerzupfte Thai-Kräuter, wie Koriander, Thai-Basilikum und Minze
½ EL gerösteter Reis
2–4 weich gekochte Eier
Limettensaft zum Beträufeln

1. Die Auberginenscheiben beidseitig grillen, bis sie schön angebräunt sind.
2. Dann mit Öl, Fischsoße, Limettensaft und Chili verrühren.
3. Auberginen, Kräuter und Reis auf einer Platte anrichten, mit halbierten Eiern garnieren und mit etwas Limettensaft beträufeln.

Siehe Foto S. 94

KAE PEANK – BBQ-THAI-EIER

4 Stück

Ich liebe Eier, und als ich sah, dass man an den Streetfood-Ständen in Thailand auch ganze Eier mit Schale grillt, musste ich das unbedingt selbst ausprobieren. Dafür gibt es zwei Methoden: Entweder man grillt das Ei im Ganzen oder man entnimmt Eiweiß und Eigelb durch ein kleines Loch in der Schale, verrührt beides mit Fischsoße und füllt es vor dem Grillen wieder in die Schale. Etwas kompliziert, aber eine tolle Idee! Ich halte mich an die simple Variante und dippe das gegrillte Ei einfach in Fischsoße mit Ingwer.

4 Eier
2 EL Fischsoße
½ TL fein geriebener Ingwer
1 TL Palmzucker oder brauner Zucker

1. Die Eierschale der Eier mit einer Nadel einstechen, die Eier dann etwa 10 Minuten rundum grillen.
2. Fischsoße, Ingwer und Zucker verquirlen und zu den Eiern servieren.

Siehe Foto S. 124

6

Wok, Reis & Pfannengerührtes

Große Woks, in denen Gemüse und Nudeln direkt über offenem Feuer herumgewirbelt oder kleine gefüllte Päckchen frittiert werden, sieht man in Thailand an jeder Ecke. Das Garen bei hoher Hitze und in einem richtig guten Wok ist eine der allerbesten Zubereitungsarten für Gemüse, Bratreis und Nudelgerichte. Man erhält eine tolle Kruste, und das Gemüse bleibt schön knackig, weil es bei der hohen Hitze rasch gart. So kann man im Nu ein komplettes Gericht aus zum Beispiel Gemüse, Hühnerfleisch, Austernsoße und irgendeiner leckeren Currypaste zaubern, was in unserem hektischen Alltag Gold wert ist. Übrigens gibt es einen Trick, wie man Reisreste vom Vortag in köstlichen Bratreis verwandeln kann: Viel Öl und hohe Hitze einsetzen, dann wird der Reis wunderbar knusprig und lecker.

KLEBREIS

4–6 Portionen

Ich habe irgendwo gelesen, dass Nordthailänder als Abendroutine immer den Klebreis für den nächsten Tag einweichen. Klebreis ist eine extrem stärkehaltige Reissorte, bei der die einzelnen Körner beim Garen stark miteinander verkleben und die auch oft für Desserts verwendet wird. Das beste Ergebnis erzielt man, wenn der Reis über Nacht gewässert wird. 4–5 Stunden sind auch in Ordnung, doch dann nimmt das Dämpfen mehr Zeit in Anspruch.

Gegessen wird Klebreis zu Currygerichten, Salaten und Pfannengerührtem. Er mildert die Schärfe des Currys und wird auch gerne zu Kugeln geformt, mit denen man dann wie mit einem Stück Brot leckere Soßenreste auf dem Teller aufsaugen kann.

480 g ungekochter Klebreis

1. Den Reis vor der Zubereitung mindestens 4 Stunden in kaltem Wasser einweichen, am besten aber über Nacht, ca. 12 Stunden. Dann durch ein Sieb abseihen.
2. In einen Klebreis-Dämpfer geben, gerne mit Seihtuch ausgelegt, und über einen Topf mit köchelndem Wasser setzen. Abgedeckt etwa 20 Minuten dämpfen. Wurde der Reis nur 4 Stunden eingeweicht, beträgt die Garzeit mindestens 30 Minuten. Den Dämpfer vom Topf nehmen und abgedeckt etwa 5 Minuten ruhen lassen.
3. Den fertigen Reis in Plastikbeutel füllen, damit er schön feucht bleibt. So schnell wie möglich servieren, z.B. in einem thailändischen Bambus-Servierkorb mit Deckel, der den Reis warm hält.
4. Ich habe auch getestet, den Reis in ein Sieb mit Seihtuch zu geben und über einem köchelnden Wasserbad zu garen – mit gutem Ergebnis. Man kann Klebreisreste übrigens gut durch Dämpfen wieder aufwärmen. Auch in der Mikrowelle – mit ein paar Tropfen Wasser und abgedeckt – funktioniert es gut.

KARAMELLISIERTER SCHWEINEBAUCH IM PFEFFERBLATT

4 Portionen

Hier wird gebackener Schweinebauch in Würfel geschnitten, knusprig gebraten und dann mit salzigem Ingwer in ein Blatt eingewickelt. Wahnsinnig lecker! Ich backe das Fleisch meist am Vortag und stelle es dann über Nacht in den Kühlschrank, damit es sich leichter schneiden lässt und beim Braten besser die Form hält.

800 g Schweinebauch mit Schwarte
6 EL Palmzucker
6 EL Fischsoße
1 Stängel Zitronengras, leicht zerquetscht und in Streifen
2 EL gehackter Ingwer
2 EL neutrales Rapsöl
2 kleine Thai-Chilischoten, in Streifen
20 Thailändische Pfefferblätter (Cha Plu)

Salziger Ingwer
1 Stück Ingwer (3 cm), in feinen Stiften
½ TL Salz

1. Den Backofen auf 150 °C vorheizen.
2. Das Fleisch mit der Schwarte nach unten in eine Auflaufform legen.
3. 2 EL Zucker, 2 EL Fischsoße, Zitronengras und Ingwer zu einer groben Paste zermörsern oder pürieren.
4. Die Paste in das Fleisch einmassieren und das Fleisch in Alufolie wickeln.
5. Dann 3 Stunden im Ofen backen.
6. Abkühlen lassen und in den Kühlschrank stellen – so lässt sich das Fleisch später leichter zerteilen und behält beim Braten besser die Form. Das ist bei weichem, heißem Schweinefleisch sonst fast unmöglich.
7. Für den salzigen Ingwer Ingwer und Salz mischen und etwa 10 Minuten ziehen lassen.
8. Das Fleisch in mundgerechte Würfel schneiden. Das Öl in einer Pfanne erhitzen, das Fleisch darin knusprig braten und auf Küchenpapier abtropfen lassen.
9. Restlichen Zucker, restliche Fischsoße und Chilis in einem Topf etwa 3 Minuten einkochen.
10. Das Fleisch in der Soße wenden, bis es ganz davon überzogen ist.
11. Zum Servieren Fleisch und Ingwer mit etwas salzigem Ingwer in ein Pfefferblatt wickeln. Weil ich es gerne scharf mag, reiche ich meist noch etwas Prik Nam dazu, aber es schmeckt auch ohne köstlich – entweder mit Klebreis (siehe S. 134) oder Jasminreis.

4 Portionen ## HUHN MIT VIERERLEI PFEFFER

In diesem pfeffrigen, aber nicht übermäßig scharfen Gericht werden weißer und schwarzer Pfeffer sowie grüner Sichuanpfeffer und frischer grüner Pfeffer miteinander kombiniert. Was auf den ersten Blick an die klassische Pfeffersoße zum Steak erinnert, erhält durch Zitronengras und Thai-Kräuter aber ein deutlich breiteres Aromaprofil. Schwarzer und weißer Pfeffer werden bei mir gemahlen, der grüne Pfeffer bleibt dagegen ganz – für den ultimativen „Pfefferkitzel" am Gaumen. Um die Prickelkraft noch etwas zu steigern, füge ich außerdem ein wenig vom betäubend scharfen Sichuanpfeffer hinzu. Aber keine Angst: Untersuchungen haben gezeigt, dass die Pfefferschärfe irgendwann ein Limit erreicht und ein Gericht nach Überschreiten dieses Limits nicht mehr schärfer wird, sondern nur an Pfeffergeschmack gewinnt.

½ TL weiße Pfefferkörner
1 TL schwarze Pfefferkörner
1 TL grüner Sichuanpfeffer
3 EL neutrales Rapsöl
600 g Hähnchenbrustfilet
6 kleine Schalotten, halbiert
3 kleine Thai-Knoblauchzehen oder 1 normale, fein gehackt
4 Zweige frischer grüner Thai-Pfeffer
100 g kleine grüne Thai-Auberginen (Pokastrauch-Beeren)
1 Stängel Zitronengras, leicht zerquetscht und halbiert
4 Kaffir-Limettenblätter
2–6 frische kleine grüne Thai-Chilischoten, unzerteilt
150 ml Austernsoße
2 EL süße thailändische Sojasoße oder Ketjap Manis
200 ml Wasser
120–240 g Tamarindenpaste

1. Weißen, schwarzen und Sichuanpfeffer in einer trockenen Pfanne einige Minuten unter Rühren rösten. Abkühlen lassen und zermörsern.
2. Öl in einem Wok oder einer Pfanne erhitzen und das Hähnchenfleisch darin anbräunen. Schalotten und Knoblauch zufügen und einige Minuten weiterbraten.
3. Weißen, schwarzen und Sichuanpfeffer zufügen und rühren, bis alles vom Pfeffer bedeckt ist.
4. Grüne Thai-Pfeffer-Zweige, Thai-Auberginen, Zitronengras, Limettenblätter, Chilis, Austernsoße, süße Sojasoße, Wasser und Tamarindenpaste zufügen.
5. Köcheln lassen, bis der Großteil der Flüssigkeit verkocht ist und eine sämige, cremige Soße entstanden ist.
6. Mit Jasminreis oder Klebreis (siehe S. 134) servieren. Ich mag dazu noch gern Gurkensalat mit geröstetem Reis (siehe S. 64). Der setzt einen frischen Kontrapunkt zum pfeffrigen Eintopf.

KUA KLING – TROCKENES CURRY

4 Portionen

Trockenes Curry? Ja, richtig gehört! So nennt man ein Currygericht aus dem Wok mit jeder Menge Currygewürzen, aber ohne Flüssigkeit. Trockenes Curry lässt sich aus fast allem herstellen: Schweinefleisch, Rindfleisch, Lamm, Fisch und Meeresfrüchten. Meine Version besteht aus zerbröckeltem Tofu, der im Wok dank Öl und Gewürzen schön knusprig wird. Wichtig ist nur, den Wok ordentlich aufzuheizen, denn der Tofu braucht einen regelrechten Hitze-Öl-Schock, um die richtige Konsistenz zu entwickeln.

3 EL neutrales Rapsöl
250 g fester Tofu, zerbröckelt
3 EL fermentierte thailändische Sojabohnenpaste oder 2 EL Fischsoße
2–4 EL rote Currypaste
4 kleine Schalotten, fein gehackt
6 kleine Thai-Knoblauchzehen oder 2 normale, fein gehackt
1 Stängel Zitronengras, leicht zerquetscht und fein gehackt
3 getrocknete Thai-Chilischoten
1 Stück frische Kurkumawurzel (3 cm), fein gehackt, oder 1 TL Kurkumapulver
1 TL Korianderkörner, zermörsert
4 Kaffir-Limettenblätter, in Streifen
25 g frische Thai-Basilikumblätter, zerzupft
Saft von 1 Limette
fermentierte thailändische Sojabohnenpaste zum Abschmecken

1. Das Öl stark in einem Wok erhitzen und den Tofu darin knusprig braten. Sojabohnenpaste, Currypaste, Schalotten, Knoblauch, Zitronengras, Chilis, Kurkuma, Koriander und Limettenblätter zufügen und bei hoher Hitze etwa 3 Minuten pfannenrühren.
2. Das Basilikum unterrühren und mit Limettensaft und Sojabohnenpaste abschmecken.
3. Mit Reis oder Nudeln servieren.

LARDO-BRATREIS

4 Portionen

In Lardo, diesen anbetungswürdigen Speck aus Italien, könnte ich mich reinlegen. Mit neutralem Öl oder Kokosöl wird es aber genauso lecker.

320 g gekochter Jasminreis
6 Schalotten, fein gehackt
3 EL Butter oder neutrales Öl
50 ml Wasser
4 dünne Scheiben Lardo, gehackt
2–4 frische kleine rote Thai-Chilischoten, fein gehackt
4 Kaffir-Limettenblätter, in feinen Streifen

1. Den Reis frisch kochen oder Reisreste vom Vortag verwenden.
2. Die Schalotten in Butter gut anbräunen. Das Wasser zugießen und einköcheln lassen, damit die Zwiebeln noch weicher und süßer werden.
3. Wenn die Flüssigkeit verkocht ist, den Lardo zufügen und weiterbraten, bis die Schalotten schön braun und weich geworden sind.
4. Den Reis zufügen und anbräunen. Chilis und Limettenblätter unterrühren.
5. Zu Gegrilltem, Currygerichten oder mit einem guten Salat servieren.

Siehe Foto S. 66

THAI-BASILIKUM-CHILI-MAIS

4 Portionen

Frisch geernteter Mais der Saison schmeckt zwar tausendmal besser, doch auch mit TK-Mais wird dieses Gericht sehr lecker. Aber Finger weg von Dosenmais, der meist auch noch gezuckert ist!

320 g Maiskörner
2 EL Butter
1 EL Fischsoße
2–4 frische kleine rote Thai-Chilischoten
25 g Thai-Basilikumblätter, zerzupft
Saft von 1 Limette

1. Die Maiskörner bei hoher Hitze in der Butter rundum leicht anbräunen.
2. Fischsoße, Chilis und Basilikum unterrühren, 1 Minute mitbraten, dann vom Herd nehmen.
3. Mit Limettensaft beträufeln und heiß als Snack oder als Beilage zu Gegrilltem, Thai-Fleischbällchen (siehe S. 148) oder karamellisiertem Schweinebauch (siehe S. 137) servieren.

Siehe Foto S. 146

WOK-NUDELN MIT TOFU

4 Portionen

Am besten gelingt dieses Gericht mit frischen Eiernudeln, die man in der Kühltheke vieler Asia-Läden findet. Falls nicht, kann man auch auf hochwertige getrocknete asiatische Eiernudeln ausweichen. Veganer können anstelle der Eiernudeln Reis-, Glas- oder Weizennudeln verwenden. Damit Nudeln und Tofu möglichst gut gelingen, muss die Pfanne richtig schön heiß sein.

250 g frische Nudeln oder 200 g getrocknete
50 ml neutrales Rapsöl
½ Spitzkohl, in groben Stücken
1 EL Sesamsaat
1 EL fein gehackter Ingwer
9 kleine Thai-Knoblauchzehen oder 3 normale, in Scheiben
1–3 getrocknete kleine Thai-Chilischoten, zerbröselt
125 g fester Tofu, zerbröckelt
50 ml Austernsoße
1 ½ EL Fischsoße
100 g indisches Basilikum
Saft von 1 Limette

1. Frische Nudeln erst dann in gesalzenem Wasser kochen, wenn das Gemüse bereits gebraten ist, denn sie sind innerhalb von nur 30 Sekunden gar. Getrocknete Nudeln frühzeitig garen, damit sie rechtzeitig fertig sind, wenn sie unter das Gericht gerührt werden sollen.
2. Den Wok auf hoher Stufe vorheizen, das Öl hineingeben und den Kohl darin anbräunen.
3. Sesam, Ingwer und Knoblauch zufügen und kurz mitbraten, bis sie goldbraun geworden sind.
4. Chilis und Tofu zufügen und bei hoher Hitze einige Minuten pfannenrühren. Dann Nudeln, Austernsoße, Fischsoße und indisches Basilikum unterrühren.
5. Sofort mit Limettensaft beträufelt servieren.

Siehe Foto S. 100

PAD THAI

4 Portionen

Pad Thai, der Thai-Nudelklassiker schlechthin, schmeckt mit Tofu, Hühnerfleisch, Hackfleisch oder auch bloß mit Gemüse köstlich. Die Garnelen werden nur kurz gebraten, damit sie nicht trocken werden und schön saftig bleiben. Übrigens wurde Pad Thai während des Zweiten Weltkriegs vom damaligen thailändischen Ministerpräsidenten zum Nationalgericht erklärt, weil der Reiskonsum aufgrund einer Knappheit verringert werden sollte und man Reisnudeln auch aus gebrochenen Reiskörnern herstellen konnte.

300 g Reisnudeln
50 ml Fischsoße
3 EL Tamarindenpaste
3 EL Austernsoße
2 EL Palmzucker oder brauner Zucker
2 EL gehackte getrocknete Garnelen (optional)
100 ml Wasser
4 EL neutrales Rapsöl
4 kleine Schalotten, fein gehackt
6 kleine Thai-Knoblauchzehen oder 2 normale, fein gehackt
2 EL fein gehackter Ingwer
150 g frische Bohnensprossen
100 g Weißkohl, grob geraspelt
3 Eier
700 g rohe Garnelen, ausgelöst
1–2 TL geröstetes Chilipulver (Prik Bon)
25 g frischer Koriander, zerzupft
60 g Erdnüsse, gehackt
1–2 Limetten, in Spalten

1. Die Reisnudeln gemäß Packungsanleitung garen, kalt abschrecken und mehrmals durchschneiden, damit sie später leichter unterzumengen sind.
2. Fischsoße, Tamarindenpaste, Austernsoße, Zucker, getrocknete Garnelen und Wasser in einem Topf aufkochen und rühren, bis der Zucker aufgelöst ist. Beiseitestellen.
3. Das Rapsöl in einem Wok oder einer großen Pfanne erhitzen und Schalotten, Knoblauch und Ingwer darin anbraten. Bohnensprossen und Weißkohl zufügen und weiterbraten, bis sie erhitzt und etwas weich geworden sind.
4. Das Gemüse an den Rand des Woks schieben. Die Eier in die Mitte geben und rühren, bis ein festes Rührei entstanden ist. Gemüse, Nudeln, Garnelen und Chilipulver unter das Ei rühren.
5. Braten, bis alles gut erhitzt ist, dann die beiseitegestellte Soße unterrühren.
6. Koriander und Erdnüsse untermengen.
7. Mit Limettenspalten und nach Belieben mit Prik Nam Pla (siehe S. 169) servieren.

Thai-Basilikum-Chili-Mais, siehe S. 142

Grüner Chilidip, siehe S. 34

Grüner Papayasalat, *siehe S. 59*

Vegetarisches Massaman, *siehe S. 83*

Fleischbällchen, *siehe S. 148*

Kokos-Kurkuma-Reis, *siehe S. 148*

FLEISCHBÄLLCHEN

4 Portionen

Ich liebe Fleischbällchen, weil man sie gewürztechnisch unendlich variieren kann. Diese hier bestechen durch thailändische Aromen und können durch andere Fleischsorten und Gewürze abgewandelt werden.

- 6 kleine Thai-Schalotten oder 3 normale, fein gehackt
- 2 Stängel Zitronengras, leicht zerquetscht und in feinen Scheiben
- 6 Kaffir-Limettenblätter, in Streifen
- 3 kleine Thai-Knoblauchzehen, fein gehackt
- 2 EL Speiseöl
- 500 g Schweinehackfleisch
- 50 ml Fischsoße
- 1 Ei
- 1½ EL fein gehacktes Thai-Basilikum
- 3 EL Butter

1. Schalotten, Zitronengras, Limettenblätter und Knoblauch zu einer Paste zermörsern oder pürieren.
2. Das Öl in einer Pfanne auf mittlerer Stufe erhitzen und die Paste darin anbraten. In eine Schüssel geben und mit Hackfleisch, Fischsoße, Ei und Thai-Basilikum verrühren.
3. Die Masse zu Kugeln formen und diese in einer Pfanne bei mittlerer Hitze in Butter etwa 10 Minuten rundum braun braten. Mit Kokos-Kurkuma-Reis (s. u.) oder frisch gekochtem Jasminreis servieren.

Siehe Foto S. 146

KOKOS-KURKUMA-REIS

4 Portionen

Damit dieser süßliche Reis nicht matschig wird, muss die Kokoscreme vorsichtig untergerührt werden. Am besten schmeckt er nach einer Ruhezeit von ein paar Stunden und bei Zimmertemperatur.

- 240 g Jasminreis
- 1 EL frisch geriebene Kurkumawurzel oder 2 TL Kurkumapulver
- 200 g Kokoscreme
- 2 EL Palmzucker
- 2 EL Fischsoße

1. Den Reis (ohne Zugabe von Salz) zusammen mit der Kurkuma gemäß Packungsanweisung garen.
2. Kokoscreme, Zucker und Fischsoße zu einer Soße einköcheln, dann leicht abkühlen lassen.
3. Den Reis vorsichtig unter die Kokossoße heben; die Reiskörner sollten ganz bleiben und nicht zerdrücken.
4. Als Beilage zu Thai-Fleischbällchen (s. o.) oder zu Gegrilltem servieren.

Siehe Foto S. 147

4 Portionen

WASSERSPINAT MIT AUSTERNSOSSE UND RÖSTZWIEBELN

Der ein oder andere stand vielleicht schon einmal ratlos vor dem Wasserspinat in der Kühltheke eines Asia-Shops und wusste nicht, was er damit anfangen sollte. Sein Name hilft uns aber schon etwas auf die Sprünge, denn man kann ihn ähnlich zubereiten wie gewöhnlichen Spinat. Am besten schmeckt er gedämpft, gekocht oder im Wok zubereitet und er ist sehr vielseitig kombinierbar. Wenn ich keinen Wasserspinat bekommen kann, wandele ich das Rezept entweder mit Spinat, grünen Bohnen, Brokkoli oder Mangold ab. Greifen Sie einfach nach der Alternative, auf die Sie am meisten Lust haben oder die für Sie am besten erhältlich ist.

1 Portion frittierte Schalotten (siehe S. 167)
2 EL neutrales Rapsöl
½ EL fein gehackter Ingwer
6 kleine Thai-Knoblauchzehen oder 2 normale, fein gehackt
50 ml Austernsoße
250 g Wasserspinat oder 150 g grüne Bohnen
1 EL frisch gepresster Limettensaft

1. Die Schalotten gemäß Rezept zubereiten oder fertige Röstzwiebeln kaufen.
2. Das Öl in einem Topf erhitzen und Ingwer und Knoblauch darin anbraten. Austernsoße dazugießen und alles zu einer cremigen Soße verrühren. Dann beiseitestellen.
3. Das Gemüse kochen oder dämpfen und anschließend in der Soße wenden. Mit Limettensaft abschmecken.
4. Mit den frittierten Schalotten garnieren und als Beilage zu Currygerichten oder als Teil eines Büfetts und mit frisch gegartem Jasminreis servieren.

Siehe Fotos S. 95 und 114

2–4 Portionen

NAHM DTOK PLA THORT – FRITTIERTER FISCH MIT KRÄUTERN

Einen Fisch im Ganzen zu frittieren, ist eine richtig tolle Sache. Das Öl erhitze ich dafür auf 180 °C, weil der Fisch dann außen schön knusprig wird, innen aber noch saftig bleibt. Serviert wird er ganz schlicht mit einer Soße aus Zitronengras, Kaffir-Limettenblättern und Thai-Kräutern. Meist verwende ich Wolfsbarsch oder Seebrasse, doch wenn ich kleine Zander oder Flussbarsche finde, landen sie stattdessen im heißen Öl. Als i-Tüpfelchen wird der Fisch vor dem Servieren noch mit geröstetem Reispulver bestreut.

- 1 ganzer Fisch, z. B. Wolfsbarsch, Seebrasse, Flussbarsch oder Zander
- 1–2 l Frittieröl
- 1 EL neutrales Rapsöl
- 2 Stängel Zitronengras, leicht zerquetscht und in feinen Scheiben
- 4 kleine Schalotten, fein gehackt
- 3 kleine Thai-Knoblauchzehen oder 1 normale, in Scheiben
- 3 EL Fischsoße
- 2 TL Palmzucker oder brauner Zucker
- 50 ml Wasser
- 1–3 TL geröstetes Chilipulver (Prik Bon)
- 4 Kaffir-Limettenblätter, in Streifen
- 2 EL gehackte Thai-Kräuter, z. B. Thai-Basilikum, Koriander oder Minze
- 2 EL frisch gepresster Limettensaft
- 1 EL geröstetes Reispulver

1. Den Fisch ausnehmen und nach Belieben entschuppen. Ich lasse die Schuppen oft dran, weil der Fisch so meiner Meinung nach im Öl besser die Form hält (er hat dann eine Art Schutzweste).
2. Die Haut mehrmals quer einschneiden.
3. Frittieröl in einem Wok oder einer großen Pfanne mit hohem Rand auf 180 °C erhitzen. Den Fisch etwa 5 Minuten auf jeder Seite frittieren, dann auf eine Servierplatte geben.
4. Das Rapsöl in einem Wok oder einer Pfanne erhitzen und Zitronengras, Schalotten und Knoblauch darin weich dünsten, aber nicht anbräunen.
5. Fischsoße, Zucker, Wasser, Chilipulver, Limettenblätter, Kräuter und Limettensaft unterrühren und den Wok vom Herd nehmen.
6. Den Fisch mit der Soße beträufeln und mit geröstetem Reispulver bestreuen. Sofort mit Klebreis (siehe S. 134) und einem Salat servieren, zum Beispiel mit dem grünem Mangosalat mit Pomelo und Kokosdressing (siehe S. 68).

WELCHEN FISCH SOLL ICH KAUFEN?
Beim Kauf von Fisch achte ich immer auf Qualität und Nachhaltigkeit, was die Auswahl natürlich einschränkt.

Falls kein Wolfsbarsch aus nachhaltiger Zucht zu haben ist, kann man auf Seebrasse, Rotbarsch oder Zander ausweichen. Der Fisch sollte nicht zu groß sein, damit er sich im Wok gut frittieren lässt.

7

Süßes

Ich liebe säuerliche Aromen und deshalb Drinks, Gerichte, Dressings und vor allem Desserts und Süßspeisen mit saurer Note. Thai-Desserts sind deswegen leider genau das Gegenteil von dem, was ich mag. Oft sind sie extrem süß, haben überhaupt keine säuerlichen Anteile und enthalten viel Stärke in Form von Reis oder Tapioka. Die Rezepte in diesem Kapitel habe ich deshalb kurzerhand an meinen Gusto angepasst. Sie sind nicht ganz so süß, klebrig und teigig wie die Originale und manchmal habe ich auch etwas Limette mit hineingeschmuggelt.

Damit ein Reisdessert eine frischere Note bekommt, ist es wichtig, es mit einer Mango zu kombinieren, die genau die richtige Balance zwischen süßen und säuerlichen Anteilen aufweist. Darum sollte man hier auf hochwertige Früchte achten und am besten nach den köstlichen gelben Thai-Mangos greifen, wenn sie Saison haben. Damit wird Ihr Kokos-Klebreis mit Mango so atemberaubend lecker, dass Sie ihn am liebsten jeden Tag essen würden.

4–6 Portionen

KHAO NIAO MAMUANG – SÜSS-SALZIGER KOKOS-KLEBREIS MIT MANGO

Als ich den süßen Klebreis mit Mango zum ersten Mal gegessen habe, fand ich ihn grässlich. Viel zu süß und einfach überhaupt nicht nach meinem Geschmack. Später, als ich ihn dann auch selbst zubereitet und außerhalb von Thailand gegessen habe – zum Beispiel in den USA und in Berlin – habe ich mich langsam, aber sicher in ihn verliebt. Allerdings nur in die Version mit salzig-süßer Kokossoße und einer richtig guten, reifen Mango im Schlepptau. Investieren Sie ein paar Euro mehr in eine hochwertige Mango aus Thailand oder Pakistan oder in eine baumgereifte Mango aus Peru – es lohnt ich!

240 g ungekochter Klebreis
400 g Kokoscreme
3–5 EL Palmzucker
½ TL Salz
1 Thai-Mango, gewürfelt
Saft von 1–2 Limetten

1. Den Klebreis nach dem Rezept auf S. 134 garen. Nicht vergessen: 12 Stunden zum Wässern einplanen!
2. Die Hälfte der Kokoscreme mit Zucker und Salz in einem Topf erhitzen, bis der Zucker aufgelöst ist. Die restliche Kokoscreme unterrühren und alles abkühlen lassen.
3. Den Klebreis unter die Hälfte der Soße rühren. 30 Minuten quellen und dabei abkühlen lassen.
4. Zimmerwarm mit Mango und der restlichen Soße servieren. Abschließend mit Limettensaft beträufeln.

THAI-BANANEN-ROTI

10 Stück

Dieses Gericht kennt jeder Thailand-Tourist, denn es wird dort an jeder Ecke an mobilen Roti-Ständen frisch zubereitet. Der Roti-Teig muss dünn wie ein Pfannkuchen ausgerollt werden, damit er in der Pfanne schön knusprig wird. Anschließend werden die Fladen mit Bananen, süßer Kondensmilch und Limettensaft gefüllt und zu einem Paket gefaltet. Das Ausrollen des Teigs ist etwas beschwerlich, doch die Mühe zahlt sich tausendfach aus, sobald man das verführerische Endergebnis in den Händen hält.

Roti-Teig
- 270 g Weizenmehl
- 1 Ei
- 250 ml Wasser
- 2 EL Kondensmilch
- 2 EL zerlassene Butter
- ½ TL Salz
- 100 g zimmerwarme Butter

Füllung
- Bananenscheiben
- Limettensaft
- süße Kondensmilch
- Nuss-Nugat-Creme (optional)

1. Alle Teig-Zutaten bis auf die zimmerwarme Butter zu einem geschmeidigen Teig verarbeiten.
2. In Frischhaltefolie wickeln und 30 Minuten bei Zimmertemperatur ruhen lassen. In 10 Stücke teilen und mindestens 2 Stunden im Kühlschrank ruhen lassen, besser noch über Nacht.
3. Die Arbeitsfläche oder eine Marmorplatte mit Butter bestreichen. Eine Holzplatte ist hier ungeeignet, da der Teig anhaftet und es schwierig ist, ihn schön dünn auszurollen.
4. Ein Teigstück dünn wie einen Pfannkuchen ausrollen und dabei mehrmals wenden. Darauf achten, dass der Teig gut eingebuttert ist.
5. Eine trockene Pfanne auf mittlerer Stufe erhitzen und das Roti darin beidseitig Farbe annehmen lassen.
6. Mittig mit Bananenscheiben belegen und mit Limettensaft und Kondensmilch beträufeln. Dann zu einem viereckigen Paket falten. Mit mehr Kondensmilch beträufeln und sofort servieren – nach Belieben mit Nuss-Nugat-Creme. So mit allen Teigstücken verfahren.

KARAMELLISIERTES PALMZUCKEREIS MIT TAMARINDENSOSSE

6–8 Portionen

Karamelleis mit salziger Note ist ein echter Hochgenuss, der in diesem Fall dank des Palmzuckers besonders groß ist. Zum Servieren beträufele ich das Eis immer mit einer süß-säuerlichen Tamarindensoße. Wer nicht die Zeit hat, das Eis selbst zu machen, kann auch eine hochwertige Variante kaufen und die Soße dazu servieren.

Eis
- 120 g Palmzucker oder brauner Zucker
- 1 EL Wasser
- 800 ml Vollmilch
- 2 EL Maisstärke
- ¼ TL Salz
- geröstete Kokosraspel zum Garnieren (optional)

Soße
- 240 g Tamarindenpaste
- 40 g Palmzucker oder brauner Zucker

1. Wenn man das Eis nicht sofort essen möchte, eine ausreichend große Glasform in den Tiefkühler stellen, damit sie schön kalt ist, wenn das Eis eingefüllt wird.
2. Zucker und Wasser in einem Topf schmelzen. Nicht rühren, sondern den Zucker langsam schmelzen und goldbraun werden lassen. Es sollte nach Karamell duften.
3. Die Hälfte der Milch zufügen und den Zucker nochmals schmelzen lassen.
4. Maisstärke und Salz mit der restlichen Milch glatt rühren und unter ständigem Rühren in die heiße Milchmischung gießen.
5. Einköcheln lassen, bis eine sämigere Konsistenz erreicht ist.
6. Abkühlen lassen und die Masse im Kühlschrank ordentlich durchkühlen.
7. In der Eismaschine zu einem cremigen Eis verarbeiten. Direkt servieren oder in die gekühlte Form füllen und in den Tiefkühler stellen.
8. Für die Soße Tamarindenpaste und Zucker zu einer Soße einkochen. Abkühlen lassen und zum Servieren über das Eis träufeln. Nach Belieben noch mit gerösteten Kokosraspeln bestreuen.

KOKOSPUDDING MIT LIMETTENKARAMELL

4–6 Portionen

Dieser Pudding wird ähnlich wie eine Crème brûlée mit einer karamellisierten Zuckerschicht gekrönt, die hier allerdings aus Palmzucker und etwas Limettensaft besteht. Der Pudding bildet in der Form einzelne Schichten, weil die Kokoscreme sehr fetthaltig ist. Am allerbesten schmeckt er, wenn er vor dem Servieren über Nacht im Kühlschrank durchgezogen ist.

3 Eier
120 g Palmzucker
40 g Kokoscreme
210 ml Wasser
¼ TL Salz
1 EL frisch gepresster Limettensaft

1. Den Backofen auf 125 °C vorheizen.
2. Eier und 80 g Zucker luftig aufschlagen.
3. Kokoscreme, 200 ml Wasser und Salz in einem Topf erhitzen, dann unter die Eiermasse schlagen.
4. Die Masse auf kleine ofenfeste Portionsformen oder 2 größere Formen verteilen.
5. Eine große Form oder einen Bräter mit hohem Rand mit heißem Wasser füllen und die Formen in dieses Wasserbad setzen. Die Formen sollten zu etwa ⅔ im Wasser stehen.
6. Das Wasserbad samt Formen für etwa 1,5 Stunden in den Ofen stellen. Die Masse sollte danach gestockt sein und wackeln, wenn man sie vorsichtig berührt.
7. Abkühlen lassen und vor dem Servieren mindestens 3 Stunden im Kühlschrank ruhen lassen.
8. Den restlichen Zucker in einem Topf schmelzen und leicht karamellisieren lassen. 1 EL Wasser und den frisch gepressten Limettensaft unterrühren. Leicht abkühlen lassen – die Mischung sollte nicht zu heiß sein, wenn sie über den kalten Pudding gegossen wird.
9. Die Karamellsoße über den Pudding gießen und servieren.

8

Gewürzpasten & Grundrezepte

Eigentlich ist die Zubereitung von Thai-Gerichten recht einfach – wichtig ist nur, auf ein ausgeglichenes Verhältnis zwischen süß, salzig und scharf zu achten. Für einen wirklich authentischen, guten Geschmack muss man die Gewürzmischungen und Würzpasten natürlich selbst machen, denn sie verleihen den Gerichten einen Grundcharakter, der sich deutlich von den Nullachtfünfzehn-Currys vom Thai-Imbiss abhebt.

Wenn ich eine Würzpaste selbst mache, decke ich Reste mit etwas Öl ab und bewahre sie im Kühlschrank auf oder friere sie ein. Es ist auch eine gute Idee, die Rezeptmenge zu verdoppeln und sich einen Würzpastenvorrat anzulegen, der sich besonders gut dafür eignet, Reisreste zu verwerten. Diese kann man dann einfach mit der Paste, etwas Gemüse und Eiern in einen Bratreis verwandeln.

FRITTIERTER REIS

Während wir im Westen einen Salat mit Croûtons aufpeppen, sind es in Thai-Salaten aufgepoppte, frittierte Reiskörner. Ich weiß zwar nicht, ob das Frittieren von gekochtem Reis authentisch thailändisch ist, weil ich es nur aus hervorragenden Thai-Restaurants in den USA, Großbritannien und Berlin kenne, aber es schmeckt himmlisch und ist eine tolle Art der Reisresteverwertung.

150–500 g gekochter Reis (je nach Bedarf)
neutrales Rapsöl

1. Gekochten Reis auf einem sauberen Geschirrtuch verteilen und über Nacht bei Zimmertemperatur trocknen lassen.
2. Das Öl auf 180 °C erhitzen und den Reis darin in mehreren Portionen goldbraun frittieren.
3. Mit einem Schaumlöffel herausheben und auf Küchenpapier abtropfen lassen. Reste halten sie sich bei Zimmertemperatur bis zu einer Woche.

GERÖSTETES REISPULVER

Wenn man geröstetes Reispulver über ein Gericht streut, ist die geschmackliche Wirkung mit der vergleichbar, die die dunkelbraune Kruste für ein Brot hat. Man verwendet es für viele Gerichte, vor allem aber für Laab, das ohne das herzhafte Pulver, welches intensiv nach angebräuntem Reis schmeckt, nicht komplett ist. Es verleiht Laab nicht nur Aroma und etwas Biss, sondern aufgrund der enthaltenen Stärke auch eine schöne Bindung.

In den meisten Asia-Läden gibt es geröstetes Reispulver auch fertig zu kaufen. Das Pulver sollte möglichst aus Klebreis hergestellt sein, weil dieser extrem stärkehaltig ist, ein Test mit Jasminreis hat bei mir auch ganz gut geklappt. Vollkommen ungeeignet ist dagegen der dampf- und druckbehandelte Parboild-Reis.

160 g ungekochter Klebreis

1. Den Reis bei mittlerer Hitze in einer trockenen, heißen Pfanne unter ständigem Rühren goldbraun rösten.
2. Den Reis zu einem Pulver zermörsern. Man kann ihn auch in einen Mixer geben, doch dann wird das Pulver nicht ganz so fein, und das ist für das Endergebnis wichtig.

FRITTIERTE SCHALOTTEN

Während Röstzwiebeln bei uns meist nur im Hotdog zum Einsatz kommen, sind die Thailänder da etwas kreativer. Sie streuen frittierte Schalotten über Wokgemüse, Reis oder ein komplettes Gericht, weil sie einen herzhaften Zwiebelgeschmack verleihen. Ich frittiere die Schalotten meist in größeren Mengen und bewahre sie zwischen zwei Lagen Küchenpapier in einem luftdichten Behälter bei Zimmertemperatur auf. So halten sie bis zu drei Wochen.

15 kleine Thai-Schalotten oder 5 Bananenschalotten
500 ml neutrales Rapsöl

1. Die Schalotten mit einem Gemüsehobel oder Messer in hauchdünne, einheitlich dicke Scheiben schneiden, damit sie gleichmäßig garen (wenn manche Stücke schon knusprig, andere aber noch weich sind, weichen letztere die knusprigen später wieder auf).
2. Das Öl auf 180 °C erhitzen und die Schalotten hineingeben. Sobald im Fett wieder Bläschen aufsteigen, die Schalotten unter ständigem Rühren goldbraun werden lassen.
3. Sofort mit einem Schaumlöffel herausheben, damit sie nicht verbrennen.
4. Auf Küchenpapier abtropfen lassen.
5. Das Papier wechseln und weiter abtropfen lassen, damit die Schalotten schön knusprig bleiben.
6. Eventuell das Papier nochmals wechseln.

HANG-LAY-PULVER

Hang Lay ist eine Gewürzmischung aus dem Nordwesten Thailands, die Ähnlichkeit mit dem indischen Masala hat. Ihre Zutatenliste ist ellenlang, deshalb habe ich sie in meinem Rezept etwas abgespeckt. Wer keine Zeit hat, sie selbst herzustellen, kann auch auf das chinesische Fünf-Gewürze-Pulver ausweichen.

1 Zimtstange (10 cm)
2 TL schwarze Pfefferkörner
2 TL Kurkumapulver
2 grüne Kardamomkapseln
2 weiße Kardamomkapseln
2 EL Kreuzkümmelsamen
2 EL Korianderkörner
1 Sternanis
4 Gewürznelken
½ TL frisch geriebene Muskatnuss
2 TL Fenchelsamen
1 Langpfeffer (optional)

Alle Zutaten rösten und zu einem feinen Pulver vermahlen oder mörsern.

SCHWEINEKRUSTEN

Schweinekrusten herzustellen ist ein Mehrtagesprojekt. Natürlich kann man sie fertig kaufen, doch es macht einfach Spaß, sie einmal selbst zu machen. Dann hat man auch die volle Kontrolle über die Inhaltstoffe.

1,5 kg Schweinebauch (es wird nur die Schwarte benötigt – das Fleisch für Thai-Wurst (siehe S. 125) oder karamellisierten Schweinebauch (siehe S. 137) verwenden.
1 l neutrales Rapsöl

1. Die Schwarte abschneiden und dabei so viel Fett wie möglich entfernen. Durch das Fett trocknet die Schwarte später schlechter.
2. Die Schwarte etwa 2 Stunden in gesalzenem Wasser kochen.
3. Herausnehmen und in 1 cm breite Streifen schneiden. Die Streifen in kurze Stücke zerteilen.
4. Auf einem sauberen Geschirrtuch verteilen und einige Stunden trocknen lassen.
5. Den Backofen auf 80 °C vorheizen.
6. Die Schwarte auf einem großen Kuchengitter verteilen und in den Ofen geben. Wegen der großen Abstände zwischen den Streben ist ein Ofenrost ungeeignet.
7. 10–12 Stunden im Ofen trocknen.
8. Dann 10–12 Stunden bei Zimmertemperatur trocknen lassen.
9. Das Öl auf 190–200 °C erhitzen (etwas heißer als beim gewöhnlichen Frittieren).
10. Die Schwarte in mehreren Portionen frittieren und dabei mit einem Schaumlöffel untertauchen. Durch die Hitze poppt die Schwarte auf und wird fluffig und knusprig.
11. Auf Küchenpapier abtropfen und abkühlen lassen. Luftdicht aufbewahren.

GERÖSTETE CHILISCHOTEN

Chili röstet man genauso wie andere Gewürze, nämlich in einer heißen, trockenen Pfanne, wodurch sich ein besonderer Geschmack und Duft entwickelt. Ich lege die rundum etwas angebräunten Chilis zum Abkühlen auf Küchenpapier. Dann mahle oder mörsere ich eine Hälfte und lasse die andere Hälfte ganz – perfekt für Salate und Currygerichte.

ca. 100 ml **PRIK NAM PLA**

In Thailand wird zu jedem Essen auch immer eine Schale Prik Nam Pla gereicht, eine Soße aus salziger Fischsoße, säuerlichem Limettensaft, süßem Palmzucker und scharfer Chili.

50 ml Fischsoße	Alle Zutaten miteinander verquirlen. Abschmecken, bis das richtige Verhältnis von süß, sauer, salzig und scharf erreicht ist.
50 ml frisch gepresster Limettensaft	
1 EL Palmzucker	
1–4 rote oder grüne Thai-Chilischoten, in Ringen	

ca. 240 g **GRÜNE CURRYPASTE**

Diese Currypaste ist extrem vielseitig einsetzbar. Ich mag sie am liebsten mit Fisch und Meeresfrüchten, Fleisch oder Gemüse sind aber genauso gut geeignet.

1 EL Korianderkörner	1. Die trockenen Gewürze in einer heißen Pfanne ohne Fett rösten.
½ EL Kreuzkümmelsamen	
½ TL schwarze Pfefferkörner	2. Die Gewürze in einem großen Mörser fein zermörsern.
1 ½ EL fein gehackter Galgant oder Ingwer	
2 Stängel Zitronengras, leicht zerquetscht und in Streifen	3. Die restlichen Zutaten zufügen und alles zu einer Paste mörsern.
1 EL getrocknete Garnelen	
4 Korianderwurzeln	
9 kleine Thai-Knoblauchzehen oder 3 normale	
3 kleine Schalotten, fein gehackt	
2 Kaffir-Limettenblätter, fein gehackt	
2 frische grüne Chilischoten	
8–12 frische kleine grüne Thai-Chilischoten	
3 EL gehackter Koriander	

VEGANE CURRYPASTE

Weil eine thailändische Currypaste fast immer Fischsoße, getrocknete Garnelen oder fermentierte Garnelenpaste enthält, muss man bei einer veganen Version etwas improvisieren. Ich ersetze diese Zutaten meist durch fermentierte Sojabohnenpaste oder japanisches Miso, die ebenfalls den gewünschten Umamigeschmack verleihen.

ca. 120 g ## ROTE CURRYPASTE

Getrocknete Chilis gibt es in diversen Varianten. Ich verwende stets die kleinen roten Chilischoten, die es in jedem Thai-Laden gibt. Damit das Ganze eine schöne rote Farbe erhält, wandert in meine rote Currypaste außerdem noch die milde Guajillo-Chili.

- 8–10 frische kleine rote Thai-Chilischoten
- 4 getrocknete und entkernte Guajillo-Chilischoten
- 1 TL Korianderkörner
- ½ TL Kreuzkümmelsamen
- 1 TL weiße Pfefferkörner
- 1 EL gehackter Galgant oder Ingwer
- 2 Stängel Zitronengras, in Streifen
- 2 kleine Schalotten, gehackt
- 6 kleine Thai-Knoblauchzehen oder 2 normale
- 1–2 EL Garnelenpaste oder Fischsoße

1. Die Chilis in einer trockenen, heißen Pfanne rösten. 1 Stunde in heißem Wasser einweichen, dann abgießen.
2. Die restlichen trockenen Zutaten in einer heißen Pfanne ohne Fett rösten. Mit Chilis und den übrigen Zutaten in einem großen Mörser 15–20 Minuten zu einer glatten Paste zerstoßen. Bei Bedarf etwas Wasser zufügen. Alternativ kann man die Zutaten auch in einem Standmixer verarbeiten.
3. Die Paste im Tiefkühler aufbewahren oder mit etwas neutralem Öl bedecken und in den Kühlschrank stellen.

KORIANDERWURZELN NICHT WEGWERFEN!

In Asia-Shops wird frischer Koriander fast immer mit Wurzeln verkauft. Diese sind äußerst aromatisch und werden meistens in Würzpasten verarbeitet. Wenn ich für ein Rezept nur das Koriandergrün benötige, friere ich die Wurzeln einfach ein, damit ich für die nächste Currypaste immer genügend auf Vorrat habe. Ich habe auch schon eingelegte Gurken und Sauerkraut mit Korianderwurzeln verfeinert. Superlecker!

MASSAMAN-CURRYPASTE

ca. 360 g

Die Massaman-Currypaste ist wohl die einzige Würzpaste, bei der man ohne größere Abstriche beim Geschmack die Chilischoten weglassen kann. Mir schmeckt es aber immer noch am besten, wenn die feurigen kleinen Früchte mit an Bord sind. Ob es im Ganzen jedoch eher mild oder höllisch scharf sein soll, entscheiden Sie allein!

3 getrocknete Guajillo-Chilischoten, entkernt
6–10 getrocknete kleine Thai-Chilischoten
3 Stängel Zitronengras, in feinen Ringen
1 Stück Ingwer (5 cm), geschält und in Scheiben
1 Stück Galgant (5 cm), geschält und in Scheiben (kann durch mehr Ingwer ersetzt werden)
9 kleine Thai-Knoblauchzehen oder 3 normale, geschält
2 Korianderwurzeln (optional)
10 grüne Kardamomkapseln
1 Zimtstange (10 cm)
½ EL Kurkumapulver
½ TL frisch geriebene Muskatnuss
2 ½ EL Korianderkörner
2 TL Kreuzkümmel
60 g gesalzene Erdnüsse
2 EL Wasser
3 EL neutrales Rapsöl

1. Die Chilis in einer heißen, trockenen Pfanne rösten. 1 Stunde in heißem Wasser einweichen, dann abgießen.
2. Alle Zutaten bis auf das Öl zu einer glatten Paste pürieren oder mörsern. In einen Behälter füllen und mit dem Öl bedecken. Im Kühlschrank hält sich die Paste mindestens 2 Monate und im Tiefkühler (dann aber ohne die Ölschicht) etwa 1 Jahr.

REZEPTREGISTER

A

Aubergine
  mit Ei und Röstreis, gegrillte 130
  -Curry 115

B

BBQ-Thai-Eier – Kae Peank 130
Blut-Laab 79
Bratreis, Lardo- 142
Burmesisches Curry – Kaeng Hang Lay 98
Butter, Garnelen- 123

C

Cha Plu-Röllchen 123
Chilidip, grüner – Nam Prik Num 34
Chilidip, roter – Nam Prik Ta Daeng 35
Chilischoten, geröstete 168
Curry
  Auberginen- 115
  Bitteres Gemüse- 90
  Burmesisches 98
  Dorsch- 85
  Gaeng Pah mit Rind 96
  Kaffir- mit Lamm 102
  Krabben- 108
  Trockenes Tofu- 141
  Massaman- 83
  Panang- 86
  Rotes Tofu- 113
  Trockenes 141
  Venusmuschel-Fisch- 112
Currynudeln – Khao Soi 107
Currypaste
  grüne 169
  Massaman- 171
  rote 170
  vegane 169

D

Dorsch-Curry – Kaeng Som 85

E

Ei
  BBQ-Thai-Eier – Kae Peank 130
  Kräutersalat mit frittiertem Ei 61
  Thai-Rührei mit Markknochen und Roti 50
  Gegrillte Aubergine mit Ei und Röstreis 130
Eis
  Karamellisiertes Palmzuckereis mit Tamarindensoße 159
Eistee, Thai- 41
Erdnuss
  mit Limettenblättern 38
  würzige 41

F

Falafel, Thai- 55
Fisch
  mit Kräutern, frittierter 151
  Dorsch-Curry 85
Fleischbällchen 148
Frühlingsrollen, frittierte 54

G

Gaeng Pah mit Rind 96
Garnelen-Butter 123
Gemüsecurry, bitteres – Kaeng Khae 90
Glasnudelsalat mit Hühnerfleisch 71
Gurkensalat mit geröstetem Reis 64

H

Hähnchen/Huhn
  -flügel, Kokos-Curry- 40
  Glasnudelsalat mit 71
  Kai Yang mit Tamarindenglasur 127
  mit viererlei Pfeffer 138
  Satayspieße 122
  Thai-, süß-scharfes 45
  Thai-Teigtaschen mit 47
  Tom Yam Gung Nam Sai-Suppe 116
Hang-Lay-Pulver 167

J

Jackfruchtsalat mit Schweinehack – Tum Kanoon 72

K

Kaeng Hang Lay – Burmesisches Curry 98
Kaeng Khae – Bitteres Gemüsecurry 90
Kaeng Som – Dorsch-Curry 85
Kae Peank – BBQ-Thai-Eier 130
Kaffir-Limette
  -Curry mit Lamm 102
  -Pommes, salzige 44
Kai Yang, Hähnchen mit Tamarindenglasur 127
Khao Niao Mamuang – Süß-salziger Kokos-Klebreis mit Mango 155
Khao Soi – Currynudeln 107
Klebreis 134
Klebreis, Süß-salziger Kokos- mit Mango – Khao Niao Mamuang 155
Kokos
  -Curry-Hähnchenflügel 40
  -Kurkuma-Reis 148

-pudding mit Limetten-
karamell 161
Tom Kha Gai 104
Koriander
-Mayo mit Chiliöl 45
Krabbe
-Curry 108
-Pomelo-Salat 64
Kräutersalat mit frittiertem
Ei 61
Kua Kling – Trockenes
Curry 141
Kürbissuppe mit frittiertem
Reis, geröstete 93

L

Laab 73, 76
rohes 76
Blut- 79
Lardo-Bratreis 142

M

Mais-,Thai-Basilikum-
Chili 142
Mango
mit Nam Pla Wan, saure
39
Süß-salziger Kokos-
Klebreis mit Mango 155
-salat mit Pomelo und
Kokosdressing, grüner
68
Massaman-Curry 83
Massaman-Currypaste 171
Miang Kham 49

N

Nahm Dtok Pla Thort –
Frittierter Fisch mit
Kräutern 151
Nam Pla Wan 39
Nam Prik 34, 35
Grüner Chilidip 34
Roter Chilidip 35
Schweinefleischdip 35

Nudeln
Currynudeln – Khao
Soi 107
mit Krabbe und Schwein
aus dem Tontopf 128
Pad Thai 144
Wok-Nudeln mit Tofu 143

P

Pad Thai 144
Palmzuckereis mit Tama-
rindensoße, karamelli-
siertes 159
Panang-Curry 86
Papayasalat, grüner – Som
Tum 59
Pimientos de Padrón 38
Pommes, salzige Kaffir- 44
Prik Nam Pla 169
Pudding mit Limettenkara-
mell, Kokos- 161

R

Reis
frittierter 166
Klebreis 134
Kokos-Kurkuma- 148
Lardo-Bratreis 142
-pulver, geröstetes 166
-salat mit Wurstbrät 63
Süß-salziger Kokos-
Klebreis mit Mango 155
Rind
Panang-Curry 86
Salat mit 69
Rohes Laab 78
Roti 50, 88, 157
Thai-Bananen- 157
Rührei mit Markknochen
und Roti, Thai- 50

S

Sai Oua – Thai-Wurst 125
Salat mit Rind 69
Satayspieße – Satay Gai
122
Schalotten, frittierte 167

Schwein
Jackfruchtsalat mit
Schweinehack 72
Nudeln mit Krabbe
und Schwein aus dem
Tontopf 128
Schweinebauch im
Pfefferblatt, karamelli-
sierter 137
Schweinefleischdip 35
Schweinekrusten 168
Som Tum – grüner Papaya-
salat 59

T

Teigtaschen mit Huhn,
Thai- 47
Tofu
-Curry, rotes 113
-spieße mit Tamarin-
denglasur 127
Trockenes Curry 141
Wok-Nudeln mit 143
Tom Kha Gai 104
Tom Yam Gung Nam
Sai-Suppe 116
Tua Tom – Würzige
Erdnüsse 41
Tum Kanoon – Jackfrucht-
salat mit Schweinehack
72

V

Venusmuschel-Fisch-
Curry 112

W

Wasserspinat mit Austern-
soße und Röstzwiebeln
149
Wok-Nudeln mit Tofu 143
Wurst – Sai Oua, Thai- 125
Würzige Erdnüsse – Tua
Tom 41

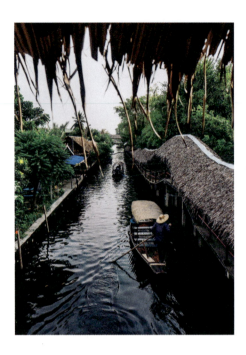

Die Originalausgabe mit dem Titel *Thai Hemma* ist 2019 bei Natur & Kultur, Karlavägen 31, 114 31 Stockholm, in schwedischer Sprache erschienen.

©2019 Tove Nilsson und Natur & Kultur
Fotografie: Lennart Weibull
Fotografie S. 2, 11, 91, 97, 103, 131, 172 und 176: Jonas Cramby
Layout & Illustration: Lotta Kühlhorn und Fabian Kühlhorn

5 4 3 2 1   24 23 22 21 20

978-3-88117-236-3

Übersetzung: Melanie Schirdewahn
Lektorat: Julia Voigtländer
Satz: Helene Hillebrand
Redaktion: Muriel Magon
© 2020 Hölker Verlag in der Coppenrath Verlag GmbH und Co. KG,
Hafenweg 30, 48155 Münster, Germany
Alle Rechte vorbehalten, auch auszugsweise

www.hoelker-verlag.de

DANKE!

Niklas, Franka und Hedvig. Hedvig Billengren Lindenbaum für all ihre Hilfe bei diesem Buch. Ohne dich wäre das Buch nicht so schön geworden. Der Verlegerin Maria Nilsson, die immer alles unter Kontrolle hat. Dem Fotografen Lennart Weibull für die tollen Fotos und den Einsatz. Den Grafikern Lotta und Fabian Kühlhorn für das wunderschöne Layout.

Tove Nilsson ist Köchin, Kochbuchautorin und Fernsehköchin. Neben Thai ist im Hölker Verlag bereits ihr erfolgreiches Buch Ramen erschienen.